イオンを創った男

「人間」岡田卓也と『十章』を読む

東海友和＝著
Tomokazu Tokai

プレジデント社

はじめに

岡田卓也とは、いったい何者なのか。

という問いが私の中にある素朴な関心であった。


岡田卓也は「難解」である。

言葉は短く端的。指示は具体的だが、長々と説明はしない。加えて、「背景」、「出典」、「でどころ」を言わない。

上に立つ者の言葉の重み、他に与える影響を知り尽くしているからである。表現を変えれば、誤解を生む、聴いた者に都合のよい解釈をされないためで、警戒心が強い。

つまり不用意な言動を極力避けるのである。


『岡田卓也の十章』（岡田卓也著、商業界）という本があるが、そこでも同様で、一〇章に集約されているため、その本意・背景がなかなかわかりづらい。なおかつ、平易すぎるほどにまとめてあるため、サラッと流してしまうきらいがある。

しかし、経営哲学や理念は、その経営者の「生い立ち」、「プロフィール」、「会社の歴史」に表れることが多い。成功失敗からの教訓がひそんでいる。

そこで、本書では、経営者としての岡田卓也と、人間としての岡田卓也にできるだけ迫ろうと試みた。

岡田卓也を語るとき、姉の小嶋千鶴子を抜きにして語ることはできない。

小嶋千鶴子に関しては、拙著『イオンを創った女』（二〇一八年一一月発刊、プレジデント社）で縷々述べたが、この本はその続編ではない。むしろ一対の本というべきものである。

イオンという企業を創業した人物への光のあてどころが小嶋千鶴子か、岡田卓也かの違いである。

でも、互いにそれを抜いては語れぬほど、それほどこの二人は蜜にして疎、疎にして蜜、陰と陽、主と従、出と退、とにかく絶妙である。相互補完、いやそれ以上の相乗パワーを生み出している。一対として見ると、それがよくわかる。

岡田卓也はコンサルタントの渥美俊一先生が指導するペガサスクラブで学んだ「ビッグストア」の盟主たちから一目おかれる存在として、ダイエーの中内㓛氏、西友の堤清二氏の両氏に続く、ダークホース「第三の男」と評され、最後まで残った男……である。

とても惹かれる人物である。

彼の業績・功績等については皆の知るところであり割愛した。それよりも、岡田卓也を形成していった過程、身近な言葉一つひとつの中から、しぐさの中から、その奥に潜む本旨・本意を掴もうとした。

実際にそばにいて、私自身が見て感じとった生身の岡田卓也の姿である。

第1章では、商家に生まれ、商人としての志をもつ岡田卓也について述べている。第2章と第3章では、幼少期から青年経営者への生い立ちと試練を記した。文字どおり小嶋千鶴子との二人三脚の旅である。

第4章では、岡田卓也の人間的魅力について述べている。功利では多くの人を動かすことはできない。根本にある人間、「素」の岡田卓也に迫った。

第5章では、岡田卓也の実践者としての側面に注目し、その並外れた行動を具体的な事例などから考察してみた。

第6章は、経営者岡田卓也の根本理念、経営姿勢・行動原則について述べている。シンプルで実践的、現実派、そして、優れたリーダーの資質、リーダーの在り方にも多くの紙面を割いている。

第7章では、企業・組織における生成発展の原理について、岡田卓也の哲学とでもいうべきものについて考え、どう行動したのか、あるいは、何をすべきなのかを将来への警鐘も含めて述べている。

期間でいえば、岡田屋、オカダヤ、ジャスコ前期時代を中心に記述している。そこに岡田卓也の姿が凝縮しているからである。そういう意味ではイオンの前史である。

いずれにしても、人間一人を丸ごと表現するのは容易なことではない。それも今回は「小さな」穴から大きな世界を描こうとしている。視野の範囲には限りがあるし、解釈も私なりの解釈である。

表記上あえて敬称も略した。著作にあたっては限りなく「愛情」をもって、岡田卓也を理解しようと努めたが、言葉足らずで、ご本人、あるいは、関係ある方々にご迷惑・ご不快の念があればその意をお汲み取りのうえ、特段のお許しを願いたい。

とにかく、優れたリーダーであったことは間違いない。

岡田卓也とは一体何者なのか、何を成し遂げようとしたのか。ゆっくりとページを進めていただければ幸甚である。

東海友和

目次

第2章 幼きころからの試練

第3章 オカダヤの誕生

第4章 「人間」岡田卓也

第5章　「実践者」岡田卓也

第6章　「経営者」岡田卓也

第7章 「先駆者」岡田卓也

岡田卓也の十章

第一章　店舗　「建物」が多いだけで「店」は少ない

第二章　基本　「バランスシート」を根幹にすえよ

第三章　競争　どんな店にもできないことを行う

第四章　挑戦　「絶対不利」は「絶対有利」に通ずる

第五章　立志　小売業の地位を上げる気概を持て

第六章　変革　企業の成長は合併の歴史である

第七章　利益　上げに儲けるな、下げに儲けよ

第八章　暖簾　見えないものにこそ価値がある

第九章　商売　やり方を考えて考えて考え抜く

第十章　共生　地域の一員として社会貢献する

本書では、追って順不同でこれを説明していく

第1章

「商人」岡田卓也

1 大黒柱に車をつけよ

「お客さまの便利なところに、どのようなお店を、どのように集積させていくか。いつの時代でも、商人にとって、これが最大課題となる」

(『岡田卓也の十章』)

商いとは何か。

日本では、当初物々交換であったが、貨幣経済が発展するや行商が盛んになりその後、商人が集まり、定期市、神社仏閣などの祭りなどに店を出すようになった。近世に入り商人が専門化(業種別)し、機能が分化(卸・小売り)し、有店舗化し、今日のようになったとされている。

商人はもともと洋の東西を問わず、思考・行動に国と国の境はなく、時の権力におもねることもなく自由で、お客様がいればいつでも、どこでも、誰にでも、どのような形でも、というのが基本である。この哲学ともいえる原則が、岡田卓也の、そして今なおイオンの基本原則ともいえるのである。

しかしながら、一方で商人は、物を生産しなくてカスリで生きている、交渉に長け油断ならない、安く買って高く売る商売というマイナスイメージをもたれているのも事実である。士農工商の身分制度がそのことを顕著に表している。これに反して江戸時代、「石門心学」の石田梅岩は「そうにあらず、物をつくる人たちと同様、あるいはその行いは、武士にも匹敵する」と説いた。

岡田も商人の家系である。その思想行動の根幹にはしっかりとした「お客様あっての」が身に染みている。つまり、お客様が主人で、商人はその従者である。

そのため、立地の変化に関しては、非常に鋭い眼と思いをもっていた。

これはみんな、お客がそうさせるわけで、「店というのは、いったい誰のためにあるのか」ということを第一義に考えれば自然のなりゆきなのです。

私は前々から、「商店街のために店があるのではないよ。お客のためにあるんだ」と言っていました。お客のためにあるのだから、お客にとって便利な場所に変わるのは当たり前の話だ、と。

（『トップが語る21世紀の経営戦略』西村晃との共著）

終戦直後、それまでの伝統的な中心市街地からいち早く、駅を中心とした新しい商店街へと店を移動させた岡田は、「大黒柱に車をつけよ」という商家として残された家訓に従って、実践している。

「大黒柱に車をつけよ」とは、「立地の変化に対応せよ」ということである。さらに、「環境変化に対して、企業自体を変革させよ」とも教えている言葉である。

つまり、絶えず変革していかなければ企業は永続しない、ということだ。

そして、その変化はどこから起きるかというと、

お客さまは変わっていく。

それにどう対応していくかが、商人の本来の仕事である。

（『岡田卓也の十章』）

これもすべて、「お客様あっての」という商人の絶対精神に基づいてのことだろう。

お客様のためになる店、お客様のためになる商品をお客様の立場になって、考えて考えて考え抜く。

商人ならば、お客様の役に立つにはどうすればいいかを真剣に考える。それが商人としての知恵の源泉なのである。

2 父の日記と見競勘定帳（バランスシート）

「とにかく志を立てることが、事業を推進する最大の原動力であること。そして、『公私の別』をはっきりつけること。バランスシートと同様に、大福帳の中から学び、以後、経営を続けていくうえで、厳然と守ってきた」

商家としての岡田屋先代からの遺産は金員の額ではない。戦後、たった一つだけ焼け残っていた、岡田屋の建物である「土蔵」の中にそれらはあった。

その土蔵の中には、わたしの父、岡田惣一郎の日記と、岡田屋呉服店が残してきた帳簿や店規則などがあった。

と、『岡田卓也の十章』の中で述べているように、岡田は、直接会話を交わすことが叶わなかった父から、この土蔵の中の遺産を通じて、教えを受けた。

まず、一つ目が父の日記から得た「すべての事業は、まず志を立てることが肝要だ」ということである。

父・惣一郎の日記には、十代中ごろの父が友人とともに行商をしながら上京し、近代日本産業の父といわれる渋沢栄一翁に会うという目標を立て、それを叶えたこと、そして渋沢翁との出会いに刺激を受け、近代的経営を志したことなどが書かれていた。「小売業も近代的経営でなければならない」と思っていたのであろう、惣一郎は早くも一九二六（大正一五）年に岡田屋を株式会社化し、さらには当時地方都市で誕生しはじめていた百貨店をつくろうと思い立ち、準備を始めるのである。

それを読み知った岡田は、「とにかく志を立てることが、事業を推進する最大の原動力なのだ」との学びを得る。

さらには、現在の就業規則にあたる店員規則、複式簿記などの帳簿の整備もされていた。

驚いたことに、店員規則には昇格制度や給与規定、懲戒規定、順守事項などが明記されている。主人の、時の思いつきでの運用は出来ないことになっている。いわば個人と会社の契約の思想がうかがえる。

また、帳簿管理では複式簿記が導入されていた。

当時の商売は、いくらで売って（売上）、いくら使って（費用）、いくら儲かった（利益）かを示すもの、つまり、損益計算書で表されていた。

しかし、岡田屋では今でいう「貸借対照表」をつくっていたのである。つまり資産の源泉と中身、その運用・使用と中身のバランスシートである。

すでに明治の時代から、バランスシートをつくり、損益計算書よりバランスシートを重視することを経営の根幹としていたのである。

それを見て岡田は、一貫して、この考え方をベースに経営を進めていくことになる。

のちには、バランスシートの大切さについて、アメリカの小売業経営者に対しても説いていく。

一九八八（昭和六三）年に買収したアメリカの婦人アパレル専門店チェーン・タルボット社に対し、三年計画をきちっとつくってほしいと要望したところ、バランスシートが出てこなかった。

そこで、自分が岡田屋の土蔵の中から見つけた見競勘定帳（バランスシート）の話をし、

「私は、バランスシートを非常に重要視して経営してきた。経営者は、企業のバランスを絶えず見ていないと大変なことになる。だから、バランスシートをきちんと出し

てほしい」と要望を出したほどである。

損益計算書発想では商人の域を出ない。貸借対照表を用いて初めて、企業の域に達する。

資産と負債のバランスを見ることになるからだ。つまりは、資金調達、投資の概念、投資回収、資産の回転など損益計算書だけでは見ることのできなかった、長期的視点で物事を見ることが可能になるのである。

筆者が店舗開発担当だった時代、報告に行くと「投資総額はいくらや？　回収は何年や？　途中解約条項は入っているか？」の三点の質問が多く、報告すると「そうか」の返事だけである。

回収期間の前に街が、立地が変わることはないかと考えているのである。当時はおおよそ投資回収八年が基準だったように思う。

一方で、後年、公益財団岡田文化財団の事務局長だったときのこと。

公益財団法人会計は企業会計とは本質的なところで異なっており、とりわけ、単位年度の収支を基本に規定されている。そのため、会計報告を筆者がどれだけ説明をしても岡田には腑に落ちないことが多々あった。

会計報告書を見ては「なんかよくわからんなあ、こんな会計基準で役所が運営していたら、改善や改革など出来ないし、そら、ようならんわ」とこぼすことしきりであった。商人としての感覚が根っから染みついているのである。

3 小売業なんて雑魚《ざこ》みたいなもんやないか

「日本では、昔から〝士農工商〟などといわれ、商業――小売業はもっとも社会的地位が低いものと考えられてきた。私自身、そのことでいくどかわびしい気持ちを味わったことがある」

(『大黒柱に車をつけよ』)

父・惣一郎の日記を読んだ岡田がもった志、それは単なる一商人としての志ではない。商人を超えた小売業全体の地位を上げることであった。

かつて、四日市商工会議所でひどく商人としてのプライドが傷つけられたと同時に腹立たしく感じた出来事があった。

四日市商工会議所の商業部会長をしていたときのことである。商工会議所全議員五五人のうち小売業者は二人しかいなかった。商工会と、商の字が上にあるにもかかわらず、四日市は工業都市であったためか、工業偏重の風土があった。

そこで、岡田は憤慨するとともに小売業議員拡大に乗り出した。しかし、他業種の議員は冷ややかな対応だった。古参議員からは「小売業なんて雑魚みたいなもんやないか」とさえ言われた。

「日本は、いまだに士農工商の意識が残っている……」

年齢でいえば、岡田は若造ではあったが、怒りが込み上げ、一歩も引かずに「規則どおり選挙でやってください」と突っぱねた。

当時の会頭は、(大阪紡績と合併して東洋紡績となった)三重紡績創業家の伊藤伝七氏であったが、岡田の行動力、情熱、理に賛意を表して、自ら直々に各部会に話を通し、岡田の意思どおり一挙に小売業議員を一〇人に増やすことに尽力してくれた。

とはいえ、このときに感じた小売業の地位の低さというのは、以降、折に触れて痛感することになる。

その後のアメリカ視察では、「世界最大の企業は小売業である」という現実を見せつけられ、アメリカでの小売業の在り方と比べて、あまりにも日本における小売業の地位が低いことに愕然とした。
そうした経験の中から、岡田は「小売業の地位を向上させること」をその志の一つに据えたのである。
それには、まず、小売業の中身、つまり質の向上をはかることが不可欠であり、それには一人ひとりの従業員の資質を高めることが必要と考えた。

一ランク低く見られがちな小売業の地位を上げるためには、小売業の中味、つまり質の向上をはかることが不可欠である。それには一人ひとりの従業員の資質が高くなければならない。お客さまに喜んでいただき、小売業に携わっていることに対して誇りをもつためにも、社内における人材育成が大切なのである。

(『大黒柱に車をつけよ』)

そうした信念のもと、「オカダヤ・マネジメント・カレッジ」(ジャスコになってから、ジャスコ大学に、そして現在はイオン・ビジネススクールへと引き継がれた)をつくり、人材育成に力を入れることになる。また、それだけではなく、当然、企業としての外へ向けた取り組みも行う。

小売業の地位をいま以上に向上させるためには、本来の小売業の正道に徹することは当然だが、それに加えて、企業としてできる限り社会貢献を果たすこと、そしてもっと発言力を増すことが必要であると思う。

（『再び「大黒柱に車をつける」とき』）

そうした思いを実現するためにも、地域社会から地球環境に至るまで、さまざまな分野で社会に貢献する活動を行っている。

さらに、「小売業の発言力の強化については、スーパーとか百貨店を問わず、小売業全体がひとつにまとまり、その発言力を高めていきたいと考えている。これは従来のように業界の利益を守るためのものではなく、生活者の利益に資するための発言力でなくてはならない。自分たちは少々苦しくても、生活者の視点に立って行動すれば、結果として自分たちの利益にかえってくる、そういう方向にもっていきたい」として活動する。

まさに、これこそが商人として、小売業としての岡田の志であろう。

4

上げに儲けるな、下げに儲けよ

「上げに儲けるのはおかしい。商人の本当の姿ではない。下げに儲けるのが本当の商人だ」

使命をもたない組織（政府・地方公共団体・企業・非営利組織）などはこの世に存在しない。使命がなければその存立の意義、正当性が失われる。

使命を明記したものは一般的には、理念、綱領、社是、信条、行動規範等であろう。社会の機関としての位置づけ、たとえ私企業であっても大きな概念でとらえれば、「公的機関」の一つである。だから我欲を満たすだけの目的を使命とはいわない。

小売業とて同様である。単に安く仕入れてより高く売るということに目的を置くことになれば、それはもはや商人ではなく、投機屋の仕事である。

岡田の事業感覚の中には、商人としての正業意識、本業意識が強くあり、頑固なまでに脇道に逸れない。官におもねっておこぼれを頂戴する事業や、人を堕落させたり、人を傷つける恐れのある事業、倫理に抵触するような事業、女衒《ぜげん》のごとき手配師のような事業、人の射幸心を煽るような事業などはもってのほかである。

あるいは、外部のお客様を相手にせず、その自社のコスト削減を目的とした、処理センターやトンネル会社などを彼は事業として認めない。

「上げに儲けるな、下げに儲けよ」

これも「大黒柱に車をつけよ」と並ぶ、岡田屋の家訓である。

この家訓が生まれたのは一九二〇（大正九）年、第一次世界大戦後の大正の大暴落のときだという。当時は呉服店であった岡田屋だが、在庫をたくさんもっているところに、生糸・錦糸などの価格が大暴落した。

父の惣一郎は岡田卓也の祖父・五代目惣右衛門に「半値で売ろうかと思う」と相談すると、「それではダメだ。値段もわからないような丁稚小僧に好き勝手に安い値をつけさせろ」と言った。

その言葉どおり、在庫を二束三文で売り出したところ、あまりの安さにすぐに売れ、現金が入ってきた。

父の惣一郎はその現金でさらに商品を買っては売り、買っては売りを繰り返し、結果、この大暴落で大儲けをしたという。

以来、「上げに儲けるな、下げに儲けよ」という家訓が出来た。

それが生きたのが、一九八六（昭和六一）年から一九九一（平成三）年のバブル景気とバブル崩壊後のときである。

実体経済とかけ離れて高騰していく株式や土地を見て、岡田は直感的に「これは上げだ」と思ったという。そして、「平成バブルのときにわたしたちは何もやらなかった」と言うほど、本業のみに集中し、それを広げることを一切しなかった。儲かるといわれていたことに手を出さなかった。

投資や融資だけの話ではなく、「大量採用することは、上げで儲けることと一緒だ」と採用さえも無理をしなかった。

結果、バブル崩壊後、小売業を含めた多くの企業が不良債権に苦しむ中、イオンはどこ吹く風、余計な荒波に巻き込まれずに済んだ。

人間も、事業も、経済も、上がって上がって、有頂天になったときが一番危険だ。

上がったものは必ず下がる。

下がったものは必ず上がる。

わたしは、この原則は確実に存在すると思う。

そして、下がるときにお客さまの役に立つのが、本当の商人だ。

（『岡田卓也の十章』）

商人としての小売業は、あくまで社会的有用性を追求し、決して浮利を追うことなく、継続して財とサービスを提供しつづけることを前提としている。あくまでも商人としての正業を尽くすことを大事とした。

5 小売業の近代化を目指す

「小売業の社会的地位を上げるということは、生活者の社会的地位を上げるということなのだ」

（『岡田卓也の十章』）

岡田は、小売業の地位向上と同時に、小売業の近代化を志向した。小売業の近代化とは、規模の経済の追求でもある。

小売業の規模は零細で、体質は脆弱、店主の社会機関としての認識は薄く、駆け引きに終始して、お客様におもねり、ただひたすらに頭を低くして前掛けの前でもみ手してという姿を嫌というほど見てきた。

特に岡田の少年期から青年期にかけての小売業界はそうであった。

「それではいかん」と近代化を進めた岡田であったが、アメリカ視察で自分の取り組みが間違いでなかったことを確信したのである。

小売業の近代化は、岡田自身ももちろんだが、父の惣一郎も同じ悩みを抱いていたようだ。岡田屋の株式会社化もその取り組みの一つだったのかもしれない。

そして、岡田と同じく小嶋千鶴子も小売業の近代化を一つの大きな志として抱いていた。ここでは、小嶋の言葉をその著書『あしあと』から引用したい。

日本の小売業に零細な店が多いのは、遺産相続のときに営業資産を分けてしまうからである。大規模化が進む小売業の中にあって、今以上に零細になったら立ちいかなくなるのは目に見えている。

アメリカの大企業イコール小売業ということを見た岡田と小嶋は、日本の小売業に

危機感をもっていたのではないだろうか。続けて『あしあと』に、

岡田屋も、もともとは同族的な小さな企業だったが、生き残っていくには、まず組織を法人化する必要があった。かつて父が死に、母が亡くなったときも、法人組織であったがゆえにわが店は残った。

そしてその後も、企業として生き残っていくには、どのような会社組織にして、規模拡大をはかればよいのか、それをイメージする毎日だった。規模拡大をしない限り、零細といわれる日本の小売業からいつまでたっても脱却できない、ある程度の規模にならないと社員の生活も将来も保証の限りではない、と考えたのである。

そして、ちょうど時を同じくして日本が迎えた高度経済成長期の消費者の旺盛な消費志向が、メーカーによる画一的な大量生産を可能にし、その受け皿となるチェーンストアはその役割を果たしたのである。

単なるメーカーの受け皿ではなく、販売量を武器に仕入価格を下げることができ（この販売価格をめぐっては当時の松下電器とダイエーが約三〇年にわたる戦争を起こした）、さらにはメーカーへの生産委託やメーカー品の販売価格の決定権を小売業が握るまでになっ

たのである。
「日本の小売業はいまは零細であるが、やり方しだいではアメリカのように巨大な企業、産業になりうる」という思いを実現していった。

6 他人を通して事を為す

「いつの時代でも、人材は企業にとって最大の財産である。とくに人間とのかかわりが強い小売業にとって、優れた人材の確保は企業の盛衰に直接かかわる問題である。このため私は、ジャスコ誕生後はもちろんのこと、前身の岡田屋時代から、人材の育成にことのほか力を注いできた」

(『再び「大黒柱に車をつける」とき』)

日本の小売業が立ち遅れた原因の一つは、なんといっても人材不足である。

明治期の政策は工業中心で安い労働力を背景に軽工業、とりわけ輸出のための繊維産業等が主力産業であった。なぜなら、生産物は国内消費のためではなく、輸出による外貨稼ぎを目的としたからだ。そうして稼いだ金は、軍備増強に費消し列強諸国との競争に終始していたのである。物を生産しない小売業は蚊帳の外で、要するに細々と生活必需品を販売することで用が足りた。

それではよい人材が集まるわけがない。零細小売業は家内労働が主で、多少人を使っている中規模の商店も必要人材といえば、早朝から晩遅くまで働き、休みといえば盆と正月のみ。安い給金で、それこそ滅私奉公してくれる人でよかった。

経営的にも収支勘定が主でやりくりに奔走し、仮に繁盛していたとしても財の蓄積はなかった。いやその術を知らなかったとさえいえる。そこで必要な知識は「読み書きそろばん」程度でこれといった人材は不要であったのだ。

働く側も、三食、口腹を満たせて、何がしかの給金をもらえれば、親も本人もそれで満足していた時代が長く続いた。岡田屋もかなりの規模になってはいたが、取り巻く環境はその程度であった。

ただ、幸いにして、父と母の家系には高学歴者が多くいた。たとえば、母方の祖父、美濃部鏘次郎は、今の東大農学部出身の農林技師で、のちに久居農林高校の初代校長を務めたし、会計に通じた親戚もいた。

いわゆる知識人たちに囲まれた血筋であった。いわゆる奉公人たちとこの人たちとの差は歴然であった。奉公人たちは牛馬のごとく肉体労働でもってしか貢献することができなかったのである。

これは推測の域を出ないが、プロレタリア文学に傾倒していた小嶋は、知識をもたない人たちの哀れさと経営者側にいる自分との壁に、たぶんある種の義憤を感じていたに違いない。

小嶋のことは拙著『イオンを創った女』に著したが、岡田も同様で、それが二人をして人材育成に並々ならぬ力を注がせることへとつながったと思われる。

この項の冒頭の言葉は『再び「大黒柱に車をつける」とき』の岡田の言葉である。自らそう述べるほど、岡田の人の育成にかける思いは並大抵のものではない。どんなに高い志を持ち、近代化への夢を実現しようとしても、結局のところ経営の本質の一つは「他人を通して事を為す」ことである。

人手ではなく、人材が必要なのである。

どんなに番頭さんがしっかり者でも、それはそれで結構なことだが、守りはできても改革はできない。まわりを見回しても、営々とつづいた繁盛店が経営にいきづまり、没落する姿をたくさん見てきた。時流に乗れなかった、社会変化に気づかなかった、お客様の変化を見逃したなどいろいろ要因はあるが、要は、繁盛することと経営することとは本質的に異なることに気づかなかったということであろう。経営知識・経営技術をもつ人材がいなかったのである。

小嶋は後年、次のように語っている。

「私自身、地方の小売屋でしたから、労務管理や人事管理、マネジメントについて猛勉強しなければなりませんでした。つまり、町の小売屋から専門技術をもつ経営者への脱皮だったのです」

岡田も、そうして町の小売屋から流通業界を代表する有能な経営者へと成長した。さらには、企業の永続的な発展ということを視野に入れると、その次代を担う経営者の育成を常にしつづけていかなければいけない。

アメリカ視察を終えた岡田はアメリカと日本の差を埋めるには、何を置いてもよき「人材」を得ることしかないと、二人の大卒者を採用した。

番頭ではない、「ゼネラルスタッフ・戦略スタッフ」とすべく教育した。

一人は財務、一人は人事教育分野である。経営コンサルタントの渥美俊一氏の組織理論では、コントローラー、エデュケイターという職位である。

そしてクリエイティブラインの長は商売センスに長けた元番頭の息子に、オペレーションラインには元番頭格を配置し担当させた。後にこのメンバーを入れた、「長期計画委員会」を発足させチェーンストア構想を練った。そうして、その後、大卒者の大量採用に踏み切った。

つまり、岡田や小嶋は、小売業の近代化をはばんでいたのは「労働集約産業」であったからで、そこから脱皮して「知識集約産業」への転換しかそれを成し遂げることは出来ないという認識をもちえたのである。

人を通じて事を為すにはマネジメントの知識・技術、お客様を知るためにはマーケティングの知識・技術、マネーすなわち資金調達と運用には財務の知識・技術、加えて情報管理の知識・技術等、さまざまな知識・技術が必要で、それはすなわちそれらをもった人材が多量に必要であるということ。それを採用・育成するといった決心をしたことである。

こういった考え方は、日々の商売に明け暮れている人たちにはとうてい理解しがたいことであって、それを実践するのはなおさら難しい。

しかし、小売業の近代化という、父・惣一郎の代からの思いを人材育成という側面から岡田と小嶋は二人三脚で成し遂げていった。
このことが岡田屋と他社の決定的な違いとなっていったのであろう。

第2章
幼きころからの試練

1　二人で越えた鈴鹿峠

人間、岡田卓也を知るにあたり、時計の針を五五年、過去に戻すことにする。

岡田卓也にとって、一九六七（昭和四二）年から一九六九（昭和四四）年のジャスコスタートまでの三年間は正念場であった。

一九六七年一二月に開かれた東レサークルの会場で、卓也がフタギの二木一一氏に「合併」と書いたメモを渡したことから始まるジャスコ合併の物語は、単なる一企業の話ではなく、小売業から脱皮し流通産業へと転換した際に生まれた壮大なドラマである。

「小売業は努力さえすればある程度までは大きくなれる。私は大きくなりたかった。しかしそれは大きくなることが目的ではなかった。大きくなることによって近代化ができる。そしてひとつの産業にする。それが目標だった。日本の小売業はあまりにも零細である。店主自身社会的な関心も薄いし、社会の方も士農工商的な目で小売業をみていた。そういうことに対する悔しさや反発もあって、小売業でも立派なインダストリーになれることを証明したかった」と、卓也は心のうちを社史の一節で述べている。

鈴鹿峠は一つの象徴的な風景である。三重県から滋賀県を抜け大阪へ行く国道一号線で、箱根と並ぶ昔からの難所の一つである。この峠を、何度姉の千鶴子とともに卓也は越えただろう。一九六九（昭和四四）年に設立するジャスコの準備のため、大阪と四日市の車中往還を繰り返した。

往路は「あんた今日の打ち合わせの議題についてどう思てんのや」との千鶴子からのひと言で、コーチングが開始される。帰路では「今日のあれな、あれでええんか」、「ええやろと思う」と反省をする。二人の会話は驚くほど短く凝縮されている。言葉に遊びはなく、むろん空理空論はしない。直截的である。

「あれ」で始まり、「あれ」で終わる。予習と復習と反省、そして次の予習の繰り返し。千鶴子からのアンチテーゼを投げられても、卓也の信念は確固たるものでゆるぎない。往復四時間から五時間を要する車中は終始議論で眠る暇もないのである。

幼いころからいくつもの峠を越えてきたが、このときの峠は岡田屋の命運を懸けた大事業であった。卓也四二歳、姉の千鶴子五一歳である。この二人の絶妙な関係はいつから始まったのであろうか。
ここで時間をさらに幼少期に戻してみよう。

2 商家に生まれて

ここに登場する千鶴子（後に結婚して小嶋となる）と弟の卓也の生まれた家は江戸時代から続く四日市の商家である。一七五八（宝暦八）年をもって創業年としている呉服（太物）、小間物を扱う呉服店である。

初代の岡田惣佐衛門は、元三河武士で鈴鹿三系の北部治田郷の鉱山奉行をしていたが、後に鉱山が枯れ廃坑となるや、四日市久六町に店をかまえ、武士を捨て商人となった思い切りのよい人物である。

二人の父・惣一郎（のちに惣右衛門と改名）は六代目にあたり、一八八五（明治一八）年生まれである。母、田鶴は一八九五（明治二八）年生まれ。旧姓は美濃部で、田鶴の父・美濃部鏘次郎は現在の東大農学部を出て、三重県農林技師をしていた。のちに三重県立久居農林高校の初代校長となる。その親戚には代議士、文学者がおり、いわば知識人、文化人の一族である。

惣一郎と田鶴には、長女・嘉鶴子、次女・千鶴子、三女・稔子、四女・みどり、末っ子に長男・卓也の五人の子供がいる。

千鶴子は著書『あしあと』で父のことを次のように述べている。


青雲の志高かった父は早稲田大学を出たあと、アメリカ留学を志したが果たせず、不本意なままに家業を継ぐことになった。しかし母と結婚したあとは、周りも驚くほどの大変身を遂げ、一転猛烈に働くようになったそうである。当時はちょうど大正の初めで、若い父なりにいろいろと考え、自分の事業を近代化したいという理想に燃えていたと思われる。


そんな惣一郎が近代化の一環として岡田屋を株式会社に改組したのは一九二六（大正一五）年である。

その前年、卓也が生まれた。

しかし、惣一郎は一九二七（昭和二）年、心臓疾患で亡くなった。千鶴子一一歳、卓也二歳のときである。主人を失った店、大黒柱を失った母と五人の子供が残されたのである。四三歳というあまりにも早い逝去であった。もちろん卓也は父の顔を覚えていない。

時は昭和大恐慌の入り口にあった時期である。

跡を継いだ田鶴は当時三三歳、持ち前の頭の良さと活発な性格で惣一郎の遺志を継ぎ、店を改装し、販売方法を「座売り」から「立ち売り陳列」に変更した。画期的な改革であった。また、田鶴は夏になると音楽家を招いてコンサートを開いてお得意さまを招待するなど文化事業にも力を入れ、人気を博した。

ずっと後になるが千鶴子は私設美術館パラミタミュージアムにおいて、ミュージアムコンサートを開館より続けている。卓也は公益財団法人岡田文化財団の文化事業の一環として、毎年オーケストラを呼ぶなどして公演している。これも、母の遺志の継承かもしれない。

大奮闘で疲れたのか、母も病気になり療養を余儀なくされた。数年におよぶ療養の甲斐なく一九三五（昭和一〇）年、惣一郎の跡を追った。千鶴子一九歳、卓也一〇歳である。

店の采配は母の療養中から長姉の嘉鶴子が引き継いだ。一九三二（昭和七）年のころである。一九三七（昭和一二）年には嘉鶴子は婿を迎え結婚。その一年後、四日市を大洪水が襲った。岡田屋に被害はなかったが浸水は五〇〇〇戸に及び、たいへんな被害状況だった。その苦労もあったのか、嘉鶴子は数日の患いで一九三九（昭和一四）年五月に亡くなった。末の弟卓也は一四歳となっていたが、母亡き後の母親代わりとしてかわいがってくれた嘉鶴子の死は、相当なショックだった。

3 本命、千鶴子の登場

四日市には一九三三（昭和八）年に東洋毛糸紡績塩浜工場が建設され、以来、港の整備や鉄道が敷設されるなどして、多くの工場が進出した。四日市の商勢圏は大きく広がり、めざましく発展していった。

同年、千鶴子は女学校を首席で卒業し、東京の上級学校への進学を控えていた。が、病気療養中の母や姉の反対をうけて、東京の学校への進学を断念せねばならなかった。男まさりで熱量が人一倍多い千鶴子にとってその悔しさは尋常ではなかったに違いない。そのときの千鶴子の心情はいかばかりか。

千鶴子は目が覚めてびっくりした。頬をなでると涙のかわいたあとが突っ張っていたからである。

「え、私泣いたんか?」

前夜は、悔しくていつまでも眠れなかったのに、いつの間にか眠ってしまったのだろう。

一一歳のとき父が病気で死んでも泣かなかった千鶴子だったが、一七歳で不覚にも泣いてしまった。自分に腹がたった。

父が死に、母も肺病で療養生活を余儀なくされ、二つ違いの姉は呉服店の家業の手伝いをしている。番頭はじめ使用人もおり家業もほどほどに順調であったものの、世の中は混沌としていた。世界恐慌が始まり、一九三一(昭和六)年には満州事変が勃発して、翌年には五・一五事件が起きるなど、政治も経済も国際関係も先行き不透明で、着実に戦争の気配は迫っていたころである。この時期、女子が進学する環境ではないことは誰の目にも明らかだった。まして伝手《つて》もなく東京などへ行くことなど無謀・夢以外の何ものでもなかった。

それでも千鶴子は行きたかった。

ただ一人、千鶴子の進学希望に賛意を示してくれた人がいた。それが祖父の美濃部鏘次郎である。

鏘次郎は東京の駒場農学校（東京大学農学部の前身）を卒業し、三重県の農林技師として勤める。その後、元県立久居農林高校の前身である一志実業女学校の校長を務めた。

生家は小川家である。小川家は鈴鹿神戸藩の士族の出で、鏘次郎の先祖は滋賀県の水口藩の巖谷家で明治期の政治家・書家である巖谷一六、明治最大の児童文学者である一六の長男・巖谷小波とも縁がつながる。

美濃部貞亮の娘・えんと結婚し、婿養子として美濃部家に入る。美濃部貞亮は弁護士で一八九〇（明治二三）年の帝国議会開設のとき、愛知県から衆議院議員に選出された。美濃部家、小川家ともいずれも名家である。

知識人・技師として論理的・頭脳明晰、かつ学問に理解がある、そんな鏘次郎が千鶴子の進学希望に理解を示し、後押しをした。

しかし、結果的には断念をせざるをえなかった。

わずか一二年間のうちに、父、母、姉と続けて三人を失い、千鶴子、稔子、みどり、そして卓也の四人が残されたのである。

千鶴子は子供のころから物事に拘泥しない性格であったが、このときばかりはそうではなかった。

読書が好きで、プロレタリア文学にも傾倒した。物事への探求心旺盛であったしフランスに留学をしたいなどと言って父母を困らせ、当時には珍しい夢見る少女だった。疑問だと思ったことは、父や母にはもちろんのこと、家業の呉服店に働く使用人に対しても「何でそんなことするのや」、「なぜや」と追求し大人を困らせていた。子供だと思ってその場限りの曖昧な逃げの返事を許さなかった。

「ちいちゃんにはかなわない」というのが接した大人の共通した評価であった。

五歳のころから洋服で通して、そのころの一般的な着物を嫌った。千鶴子は母の田鶴とよく似ていた。頭脳明晰でかつ行動的、いわゆるおてんば娘だった。気が強く負けず嫌いであった。女学校時代には短距離走では千鶴子に優る者はいなかった。

後年、千鶴子がつくったパラミタミュージアムを訪れた同級生という老婆が、千鶴子のことを「小さな体でビューッと走り抜けていく姿が印象的であった」と述べている。「呉服屋の娘が洋服を着てるぜ」というまわりの人たちの冷やかしも、どこ吹く風。

そんな一本気な千鶴子である。常識的には進学を断念せざるをえないことは十分承知していたが、感情面では収まりがつかず、まわりの空気に負けた自分が嫌だった。

そこで、千鶴子は決心をしたことがあった。それはその後の自分に自らが課した戒めでもあった。

「泣かない」

「振り向かない」

「勉強して自分の道は自分で切り開く」

この三つの決心は、夢多き呉服屋のお嬢様から一皮むけた、一七歳の新しい千鶴子の誕生であった。

その後、四日市に留まり、お茶・お花を習うなど花嫁修業をしていたが、それで収まる自分ではないことは千鶴子本人が自覚していただろう（会社勤務時代には、そんなことはひと言も話さなかったが）。

そして、長女の嘉鶴子が亡くなった後、株式会社岡田屋の代表取締役社長になり、家庭的には妹、弟の母代わりを務めることになった。いわゆる本命の登場である。千鶴子にとっては社長になるなど、まさに青天の霹靂であったろう。

とはいえ、後年、千鶴子は人から「千鶴子さん二三歳で会社の社長になり、たいへんでしたね」と問われると「なあに、そのとき成人だったのは私だけやったからや、それだけのことや」とカラッと応えるのが常であった。

4 千鶴子の使命――卓也を跡継ぎにする

一方の卓也は、幼いころはひ弱で自分を「私」と言っていた。泣き虫で、植物に興味をもち、静かに庭いじりなどして遊んでいる子供だった。岡田屋に野球部があったことから、小学校に上がってからは野球に没頭するようになる。中学生になると野球部のレギュラーにもなり、「私」から「俺」に変わった。たくましくなったとはいえ、まだ一四歳の中学生である。

「いずれ、卓也を経営者にする。それまでは、私がこの岡田屋を守り、卓也を跡継ぎとして育て上げる」、そう千鶴子は、決意をする。

そうして店は、千鶴子の登場によって息を吹き返した。

すでに岡田屋の経営は株式会社として、いわゆる番頭制度が機能していた。母方の祖父・美濃部鏘次郎が卓也の後見人となり、母の弟が経理関係を見ており、番頭たちによる運営が行われていたが、千鶴子は黙って座っているだけの社長ではない。帳簿管理はもちろん、商法や会計といった商売のイロハを身につけ店舗運営を完全に掌握した。

学究肌の千鶴子はさらに勉強すべく、ドイツ留学から帰ってきた、経営学の平井泰太郎氏をはじめ著名な学者を招いて勉強会を実施した。新しい知識の吸収と実務を身につけ、脆弱な小売業の近代化をさらに押しすすめようとした。誰も能力的に千鶴子には及ばなかった。

それまで運営に関わってきた親戚筋の人たちも病気等で身を引くことになり、残ったのは母方の祖父・美濃部鏘次郎だけ。それも後見人として残っただけである。

卓也へとつなぐため、経営の一本化を推し進めていった。

さらに千鶴子は、かねてより婚約中の小嶋三郎一との結婚を、卓也が成人するまで六年間延期した。一人の女性として大きな決心であったろう。

卓也は以前から千鶴子に対してはひときわ敬意を払っていたが、自己犠牲ともいえるこの行為に対して、自分への思い入れの強さを感じた。そしてそのことを深く自覚した。

このときから、姉弟ではなく、情け容赦のない師と弟子の関係が始まったのである。

5　売りたくとも売るものがない——戦時統制

千鶴子が社長になった年、一九三九（昭和一四）年にはノモンハン事件勃発、ドイツのポーランド侵攻、そして第二次世界大戦に突入した。国内では国家総動員令が発布され、物価統制が始まった。世の中は統制経済に入り、商人の活動は大きく制限された。

一九四一（昭和一六）年一二月には真珠湾攻撃、アメリカとの戦争が始まった。同時に、日用品など切符制が導入され、翌年には味噌・醤油・衣料品の切符制が導入された。若い男性は兵役、女性は徴用で、岡田屋の店を守る人は千鶴子と年のいった店員だけとなっていた。ミッドウェイ海戦で敗北した日本は、以後敗北が続いた。そんな中、卓也は一九四三（昭和一八）年、早稲田大学に入学した。

卓也の大学進学に際しては、千鶴子は神戸大学をすすめ、準備をしていたが、卓也は独断で早稲田大学を選んだ。父惣一郎と同じ道を選んだのである。

ちょうどそのころ、卓也が熱中していた野球も敵国のスポーツとして英語ではなく、日本語に直すなどを強制された。後年に卓也は「小売業は平和産業である」との信念を抱き、希求するが、これはこの時代の様相・体験ではなかろうか。

一方、千鶴子は白寿の祝いの席で次のように発言した。

「一番思い出すのはこの時代です。生きていくのが精いっぱい、夢中でした。そして馬鹿な時代でもありました。奢侈品の禁止というので、西陣織の金糸銀糸を抜き取り販売せねばならなかったのです。あの西陣織を、ですよ」

経営者というよりも「商人」の言葉である。意外な発言である。

この時代に岡田屋らしい出来事があった。

「慰問袋」である。慰問袋とは、戦地にいる兵士を勇気づけるために送った袋である。通常、慰問袋に入れる商品は石鹸・歯磨き、缶詰などの日用品・食品だった。が、岡田屋の慰問袋はそのへんの月並みなものではなく、その都度新しい商品を入れた。さらに、工夫の一つとして「新聞」を入れた。戦地の様子、さらには日本の様子を知りたいと、人々は活字に飢えていたのである。

岡田屋の慰問袋は評判を呼び、さらにはその評判を聞いて他府県からも視察に訪れるほどだった。

6　小嶋路線からの最初の独立

卓也が大学に入学した一九四三（昭和一八）年は、もはや勉学どころではない世情であった。

さらに、翌年、昭和東南海地震によって四日市も被害を受けた。

千鶴子が守る岡田屋も男子は兵役と徴用にとられ、千鶴子と数人の女子によってなされてきたが、この地震でさらに市街はさびれ、開店休業の状態だった。

荻窪・阿佐ヶ谷あたりに行ったとき、「たしかこのあたりだったと思うが、四日市から米をもってよく卓也の下宿を訪ねたことがあったわ」と千鶴子が同行の際に筆者に語ったことがある。ただ一人の跡継ぎが心配だったのだろう。

卓也は、学生であると同時に商人として店を手伝ってもいた。夜行列車で四日市に入り、手伝いをして再び夜行列車で東京に帰るという生活だった。とはいえ、売る品がない時代。売る物がない小売業の辛さを肌で感じた。

そうこうしているうちに卓也は一年繰り上げの兵役に召集され、三三連隊に入隊した。通常、高学歴であればすぐさま幹部だが、そういったことを潔しとしない彼は試験を受けず、あえて初年兵の道を選んだ。戦争への反発であり彼の反骨精神の発露である。

卓也は千葉県に配属され、米軍の上陸に備えて塹壕掘りの毎日となった。

一九四五（昭和二〇）年三月から始まった米軍による本土空襲では、東京・名古屋・大阪・九州・四国の主要都市が爆撃された。四日市もそれにより壊滅状態となり、岡田屋本店・本宅も焼け落ちた。千鶴子らは難を逃れたが、もはや店を営業できる状況ではない。従業員に対しては、当分の見舞金を支給し、時折の連絡を取れるようにしておくことにした。

四日市のお客様に向けては、「岡田屋の商品券をおもちの方は現金に引き換えます」と紙に書いて電柱に貼り付けて歩いた。地震と空襲という、不可抗力ともいえるこの件に関しても、お客様への債務を履行したのである。岡田屋の信用が増したことはいうまでもない。

その後、敗戦を覚悟した千鶴子は、従業員を集め、全員を一時解雇し退職金を支払った。岡田屋の株式をもっていた者には株式をすべて買い取り、従業員が自活していくための援助をした。

お客様への債務、従業員への債務を完全に解消し、さわやかで新たなスタートへの準備でもあった。

7 焦土に開く

一九四五（昭和二〇）年、戦争が終結し復員した卓也は、まず復学をした。

翌年、卓也は岡田屋の代表取締役社長に就任し、再建のために立ち上がった。学生社長の誕生である。

再建時のメンバーは、卓也、千鶴子と親戚の美濃部貞治、幹部の加藤久七、岩田庄七、田木信一の合計六人であった。店舗もまだなく、資材を集めつつ、大阪や京都へ数少ない商品をもって行商をして歩いた。

千鶴子は、のちにパラミタミュージアム職員の前で当時を振り返り、「店を建てるにも木材や資材が全くないやないか。それで人づてに『石薬師』に材木があると聞いて、リヤカーを引きそれを取りに行ったのさ。そのときの材木の重かったこと、四日市まで遠かったこととといったら、今までに経験したことはなかったわ。あんたらリヤカーって知っとる？」と、前後の話は忘れたが、なぜかその話をしたのである。よほど印象深かったのであろう。

そうして、一九四六（昭和二一）年三月八日、待望の開店を果たした。わずか四〇坪であったが焼け野原の四日市の中でひときわ目立った。

開店に際し、卓也がつけたチラシのタイトルは「焦土に開く」。小売店がつけるタイトルではなかったが、学生社長としての気負いもあり、あえて選んだ。灰塵と化した四日市の街に一つの希望の芽吹きであった。もちろんお客様も平和が訪れたと素直に受け取り、涙を流して喜んだ人もいたという。

8 父の存念は「蔵」の中に——立志・父を追う

空襲によって、岡田屋本店も居宅も焼けたが、なぜか蔵だけは残った。

卓也は、蔵のカギを開けるのは七代目当主である自分だと思った。その蔵で、卓也は将来を決する宝を見つけることになる。そこにあったのは、物としての宝ではない。歴代続いた岡田屋の近代経営のための精神や手法、それらを表す帳票や規則類などが残されていたのである。それとともに父の早稲田大学在学中の日記や手紙類などがあった。父の当時の行動や考え方、交友関係、若者特有の人生への煩悶などがつぶさに残っていた。

むさぼるように卓也は読みあさった。六代目当主としての宿命を背負った父は、自分の将来を別の形で夢見ていた。アメリカ留学……。

また、日記には父が一六歳の折、友人と東京の渋沢栄一翁に会うため、行商をしながら東海道を徒歩で向かったこと、そして渋沢栄一翁に逢えた喜びが書かれていた。

「父の存念は何だったろう。父が果たしえなかったものは何だったのだろうか」、卓也はとくと考えた。

そのことについては、日本経済新聞「私の履歴書」によるとこう書かれている。

渋沢翁との出会いが、岡田屋の近代経営に結びついたことは間違いない。私は父の日記を読みなおし、自分も人生の志を立てねばならぬと思った。

二歳のときに逝去した父の青春の姿をハッキリと見たのである。

第3章

オカダヤの誕生

1　正道販売の正義

終戦後の日本は混乱していた。しかし、長年の小売業のモラルを守ってきた岡田屋の商売の正義はゆるぎないものであり、千鶴子・卓也の姉弟は道を外すことはなかった。

当時は物資不足で配給品や米軍からのヤミ物資をあさって、暴利で販売をするヤミ商売が横行していた。なかには物資を運ぶトラックに乗って、物資を横取りする者さえ現れた。窃盗である。元従業員の中でも目先の利益を考えて、闇屋になった者がおり、その後に岡田屋に復職を求めたことがあった。これに対して、千鶴子は断固として受け付けなかった。

ヤミ商売に手を焼いた政府は、衣料切符制を復活した。消費者は自分が登録した小売店からしか商品を買うことができない、というものである。小売業としては登録店にしてほしいために、消費者に働きかけるようになった。従前から信頼のある岡田屋も積極的にお客様に働きかけた。全員で、徒歩や自転車で獲得に奔走した。

あるとき、出かけた卓也が帰ってきて千鶴子にこれだけしか獲得できなかったと報告するやいなや、千鶴子は烈火のごとく卓也を叱ったという。

「もういっぺん行ってこい」

卓也は涙をこらえながら再度獲得に出かけた。そして見事責任を果たした。結果として岡田屋は三重県下一位となった。そして岡田屋は以前にもまして繁盛した。

学生社長という二足の草鞋を履いていた卓也も、一九四八（昭和二三）年、早稲田大学を卒業した。

同年、卓也は、衣料品や雑貨の出張販売を始める。店の運営は千鶴子に任せて、再建メンバーの一人、加藤久七の息子・久弥（後に京介）やその他の若いメンバーとともに、自転車に乗って、配給衣料品や雑貨をもって各地を回った。

お客様のいるところにどこでも行った。そして、お客様の注文には気軽に応じ、商品価格も安くして、決して売り惜しみはしなかった。いわゆる薄利多売、商品回転を重視した。あまり安く売るので同業者から反発があったが、お客様のためにと岡田屋商法の原点をあくまで守った。これらのことは後のジャスコ、イオンにつながる経営理念として今なお生きている。

余談ながら、岡田屋当時の自転車のカラーは「赤」であった。遠くから見ても「あ、岡田屋さんが来た」とよく見えるからである。加藤京介氏によると「郵便局より早い」と卓也は言っていたそうで、真偽はともかく、それほどの意気込みだったのだろう。

のちに、外商が車になったときには、「黄色」を採用した。そこに、「岡田屋・オカダヤチェーン」と黒字で大きく書かれていた。これも、どこにいても岡田屋とわかるように、である。当時、黄色の車は中部電力と岡田屋だけだった。特売チラシの色も黄色と黒の文字を使うなど、今でいうところのコーポレートカラーであろう。

とにかく、岡田屋は目立った。商売も目立った。働き者の卓也の姿も際立って目立っていた。

この卓也の「働き者」という評判が、後に結婚する相手方から「あの男なら」と信用を得ることになる。

2 諏訪新道店の開店

焼け野原となった四日市も復興が進むにつれて、人の流れが大きく変わっていった。とりわけ、市役所へ行く人、国鉄、近鉄四日市の駅に行く人も「諏訪新道」が近い。

ここが新しく中心になる。今までの「辻」の本店はいずれ取り残される。卓也と千鶴子は観察を続け、諏訪新道に店を移すことを決めた。

しかし、難題があった。諏訪新道には所有者と地上権者がいて交渉の埒があかない。そこで、卓也は辻の本店と諏訪新道の地上権を交換する決断をした。幹部は歴史ある辻の本店を移転するなんてと全員反対した。さらに、同業者は本店を動かすなんてと冷ややかな態度をとった。

「お客様のいるところ、便利なところに店をもっていく。あたりまえやないか」と千鶴子は賛成した。

そして一九四九（昭和二四）年一二月、諏訪新道店を開店するや大いに繁盛し大成功を収めた。

この出来事は多くの示唆を含んでいる。人の動きは変わる、街は変わるということ。そして、立地創造に対応する所有と使用の分離・未分離、店と居宅の分離・未分離である。

街の商店街がさびれて久しいが、もともと商店街はそのときの自然発生的な市場の集まりである。それを中心市街地と役所が呼称しただけである。

街の商店街がさびれる原因は、人の動き、街の動きをとらえることが出来なかったからであり、さらにその根本原因は、多くの商店は一階が商店で二階が住居という店と居宅の分離が出来ていないところにある。

そもそもの店ぞろえが自然発生的な業種店の集まりであったため、一つの店が何かの事情で欠けると、穴埋めが出来ず全体がさびれていく。さびれるからますますお客様が訪れないという悪循環を繰り返すうちに衰退しシャッター街となる。

それに加えて、車社会の到来と後継者不足が拍車をかけたのである。本来近代化はそこから手をつけねばならないことで、アーケードやカラー舗装の施策では衰退するのは明らかである。

3 獅子奮迅の卓也と書店主になった千鶴子の休息

一九五〇（昭和二五）年、卓也は結婚した。結婚相手は四日市の西部に位置する菰野町の素封家高田家の長女である。三重郡第一の大地主の高田家に対して、躍進中とはいえ岡田家は商人である。当時の感覚からいえば、つり合いがとれない相手である。しかし相手の高田家は卓也の人物をなかなか芯のある青年と見込んで結婚を許した。

同年、一方の千鶴子はかねてより婚約中であった画家小嶋三郎一氏と結婚した。卓也が一人前になるまではと延期してきたが、卓也の結婚を見届け、岡田屋の全権を卓也に委ね、自分は監査役となったところでの結婚である。卓也二四歳、千鶴子三四歳のときである。

卓也は結婚を機により一層経営に取り組み、店も順調に推移して千鶴子の期待をはるかに超えるようになった。

小嶋姓となった千鶴子は、心ひそかに温めていた書店を開くべく、夫君小嶋三郎一氏とともに転居した。四日市を離れて大阪の住吉区の商店街に小さな書店を開いたのである。もともと、本好きな千鶴子にとって、書店主はピッタリであった。呉服や衣料品、雑貨と本との違いはあるものの、商売はお手のものである。お客様の学生や先生などとの本を通じての会話は楽しかったに違いない。

専門書や哲学の本などの読後感やお勧め本などを会話する、男勝りのさっぱりした気性の女店主として評判を得た。夫は奥のアトリエで絵の制作をし、書店が休みの日には、夫のスケッチのためにオートバイに乗って好きな奈良へ行き、お寺を回った。ひとときの新婚生活と休息であった。

4　四日市駅前戦争の勝利

時代はますます大きく変わっていった。

近鉄が新駅をつくるということで、国鉄の四日市駅と近鉄新駅を結ぶ七〇mの大通りがメイン道路になりつつあった。そして新しい近鉄新駅の前が新しい商業の集積地を形成しそうな勢いだった。

そこに近鉄百貨店が進出するというので、卓也は以前から名古屋の丸栄百貨店の誘致に動いていた四日市駅前商店街とともに駅前出店に乗り出した。これが近鉄派と丸栄・岡田屋派に二分する政財界を巻き込んでの大騒ぎとなった。

しかし、知事の懐柔か調整か、それとも裏取引の結果かわからないが、丸栄百貨店が出店を取り下げた。それを聞いた卓也は憤然と立ち上がった。

「それなら、うちが百貨店をつくろう」

卓也のこの意見に千鶴子も賛成した。千鶴子も街の変化は大阪の例を見て知っていたので、近鉄駅前にオカダヤ百貨店をつくることには大いに賛成したのだ。

「これは岡田屋にとって正念場やな」と商人としての血が騒いだ千鶴子は、六年間の大阪での書店経営をすぐさま整理して、戦線に復帰した。「どこでも絵は描けるさかい」という夫君小嶋三郎一氏も快く賛同してくれた。

千鶴子が四日市に帰ってくると聞いた従業員は「ちいちゃんが帰ってくるぞ、大変だー」と恐れおののいたという。

このとき卓也はリーダーとして、千鶴子はそれを支える専門経営者としての新しい二人三脚が始まった。

ともあれ一九五八（昭和三三）年に四日市駅前にオカダヤはオープンした。オカダヤは取引先への商品仕入れの決済を現金とした。取引先にとってはこれほどありがたいことはなく、もちろん仕入原価も他社より安く仕入れることができた。豊富な商品をどこよりも安く販売できたオカダヤは大いに繁盛した。

繁盛のあまり一年も経たずに、増床を申請をした。

すると、まだ開業前の近鉄も負けじと申請をした。

当時は中小小売業者の経営を保護するため、増床には、まず地元の調整を経て、次に東京の百貨店審議会が決定、最後に通商産業大臣が承認するという流れだった。

岡田屋、近鉄、双方の増床申請に対して、当然、地元企業の岡田屋が有利だと思いきや、事前の四日市商業調整協議会ではやっかみもあったのか、近鉄が七、オカダヤ三という割合での増床が認められた。

卓也は苦境に立たされた。が、以前聞いたことのある将棋の木村義雄十四世名人の言葉を思い出した。

「絶対有利は絶対不利に通ずる。そして、絶対不利は絶対有利に通ずる。絶対不利のときに負けたと思ったら、それはもう負けだ。しかし、『絶対不利は絶対有利に通ずる』と思ったら、どんでん返しがきく。これが勝負の世界であり、それまではすべて過程でしかない。最後の一手を指し終わったときにこそ、初めて勝負はつく」

大資本の近鉄百貨店と小資本の岡田屋。さらには、地元では増床が大きく認められた近鉄と、小さくしか認められなかったオカダヤ。まさに、絶対有利の近鉄に対して、絶対不利である。

「ひょっとしたら、絶対有利と絶対不利がひっくり返るかもしれない。勝負は最後の一手で決まる」と卓也は思った。

舞台は東京に移った。

卓也は連日東京の百貨店審議会の委員を訪ね、オカダヤの増床申請の必要性を説いて回ったが、審議委員の一人、小汀利得《おばまとしえ》氏は四日市の商業のことなど眼中にないというにべもない態度で卓也に接した。

それでも卓也はくじけなかった。

夜討ち朝駆けを続けたあるとき、審議会長工藤昭四郎氏に会う機会を得た。

オカダヤの増床申請を訴える卓也に、工藤氏の返事は、岡田屋は個人会社で、個人への利益還元、近鉄は多くの株主への利益還元（社会貢献・公共性）だという。だから、近鉄百貨店だということだった。

卓也は四日市に帰り、再度の働きかけのための資料づくりに専念した。岡田屋がいかに今までお客様第一に考えて商売をしてきたかはもちろんのこと、社会に貢献してきたかを訴える資料を作成した。

自然災害や事故で父親などを亡くした子供のための奨学金制度（風樹会）、駅前大通りの花壇づくり、地域のお客様を呼んでの文化コンサートの開催、地元彫像作家の小広場への作品の寄付、先頭にたって四日市商店街振興に尽力したこと等、新聞記事を添え、再び工藤昭四郎会長に縷々説明をした。地方の小さな小売業がここまでするのかといった驚きは、工藤氏も隠せなかったであろう。

その後審議の結果、オカダヤは申請面積の七〇％、近鉄百貨店は申請面積の三〇％

で結審した。地元の誰もが予想だにしなかった結果であった。

卓也の最後の一手で勝負が決まったのである。そして一九五九（昭和三四）年一一月、四日市としても、岡田屋としても、初の百貨店「オカダヤ」が増床オープンした。

5 小売業へ懸ける

遡る一九五六（昭和三一）年、姉の手を離れた卓也は三一歳で四日市商店連合会の会長となった。

翌年二月に津市にオカダヤを開店し、四日市以外の店での大成功は彼に大きな自信を与えた。

そして、一九五八（昭和三三）年、卓也は商業界主催の訪米視察チームの一員として同業他社の社長たち（長崎屋創業の岩田孝八氏、後に合併したフタギ創業の二木一一氏、ニチイ後のマイカル創業の西端行雄氏など）とともに参加した。

アメリカの小売業の現状を見て、卓也はショックを受けた。アメリカ最大の小売業シアーズ・ローバックは売上一兆四五〇〇億円で日本の国家予算にも匹敵する規模であった。全米に八〇〇〇店舗を展開するチェーンストアの「A&P」ではチェーンストアシステムとセルフサービスによるキャッシュアンドキャリー方式を採用していた。さらには「コルベット」というディスカウントストアもあった。大手百貨店のJCペニーの創業者にも会った。

アメリカでは大会社イコール小売業だったのだ（だが、現在これらの小売業は存在しない）。一か月間の視察は驚きの連続であり、同時に卓也には目標が出来た。大きな収穫だった。

岡田屋はまだ二店舗しかない。しかし、これからの時代は大量生産・大量仕入れ・大量販売の時代が来ると直感した。

ところが、日本での小売業はまだまだ地位が低い。

かつての四日市商工会議所での「小売業なんて雑魚みたいなもんやないか」と言われた一件についてはすでに述べた。

そんな日本での「商」の地位の低さに対し、アメリカでの視察では「世界最大の企業は小売業である」という現実を見せつけられた。

以来、卓也は小売業の地位を上げるために戦ってきた。

「小売業の地位を上げる」、のちのイオンを生み出す卓也の斬新な小売業経営能力は、そういった気概から開花してきたものかもしれない。
最後に、卓也の小売業への思いを『岡田卓也の十章』から紹介して、この章を締めくくりたい。

生活者の一番近いところに存在するのが小売業だ。その小売業の社会的地位を上げるということは、生活者の社会的地位を上げるということなのだ。なぜ、日本はいつまでたっても「お上の国」なのか。なぜ、生活者の地位は低いままなのか。それは小売業の地位が、今もって低いからだ。もっと小売業者が本気で立ち上がって、「もう士農工商ではないのだ」と大きな声で叫ぶべきだ。

いずれにしても、ひとつだけ確かなことは、小売業、サービス業は常に変化していかなければならないということだ。
小売業は毎日毎日、お客さまに接する。まさに人間産業だ。小売業の行動は、人間であるお客さまから毎日毎日、見つめられている。もし、人の道にもとるようなことがあれば、企業は一気に衰退する。「どうやって毎日お店にいらっしゃるお客さまから信頼を勝ち得るか」――。小売業は、真剣勝負の連続である。

第4章

「人間」岡田卓也

1 岡田卓也の〝はだか〟講義

「量が倍になれば、半値になる。半値とまではいかなくても、お客さんには今よりうんと安く売れる。商社の言いなりにならんでもようなる。商社に追いつけ、追いこせや。ええか、みんな、僕についてきてくれ」

（『創業者は七代目』辻原登著）

「人間」岡田卓也の分析に戻る。

岡田は、社員の教育には時・場所・型を選ばず、自由で実際的、実務的な姿勢で向き合う。

岡田屋時代の話であるが、その一つ、風呂上がりの講義がある。

岡田の自宅の隣には、独身男子のための「青丘寮」という寮があった。ある日、当時の人気番組「逃亡者」を食事をしながら観ていると、岡田が突然、裏口から現れ、「おい、今からアメリカに行った話をするから二階の会議室に集まれ」と言う。

館内放送でその旨呼びかけると、テレビを観ていた者、食事をしていた者、風呂に入っていた者が全員集まり、岡田のアメリカ帰りの話を聞くことになる。

そこでは抽象的な話は一切なく、黒板にSM（スーパーマーケット）のレイアウトを書き、農産売場の野菜果物の陳列方法を説明する。

「山川くん、こういう陳列の仕方、なんというんや」

「わかりません、教えてください」

「そうか。これは、縦陳列で色彩豊かにお客様の眼をひく陳列の仕方や！　カラーコントロールと言うんやな。なんでも並べたらええんやということではないんや」

浴衣姿の者や、ランニングシャツ姿の者、果ては風呂上がりのパンツ一丁の姿の者だったり、全く自由で気さくで実際的な質問・講義が延々と続くのである。

時には、一緒に風呂に入り、風呂の中で講義を繰り広げる。まさに〝はだか〟の講義である。

話の内容自体は、今から見れば、なんと当たり前のことなんだと思うかもしれないが、当時の日本にはまだなく、我々からしたら全く未知の世界の話で、実にワクワクしたものだった。

もう一つは、商品部のバスの中での話。

商品部員は大阪や名古屋への仕入れ出張に、専用のバスで全員が目的地に向かう。

岡田は、予定が合えば帰りのバスに乗り込み、みんなの仕入れの成果を聞いてまわる。

「なんぼで買うたんや？　もっと安く仕入れるにはどうすればいいんや」などの質問を次々と投げかける。

「青木くん、今日買った服地何本や？　いくらやった？」

「一〇〇本です」

「それ、一〇〇〇本買えるとしたら、一本当たりいくらにできる？　そしたら、お客様に一着分いくらで売れる？」

といった感じで、展開していく。

また箱入り靴下の見本を見たら、靴下の担当者に、

「この箱いくらするんや？」

「わかりません」

「これが二〇円だったら、箱はいらんから二〇円引いてもらえ」

というような話の中から、規模拡大のメリットを説いていく。

そして商品のコスト削減にも具体的な視点を部員に示すのである。

大量仕入れ、大量販売の実務者研修である。

何事も実践的、実務的で、実直な岡田らしい姿である。

2

地図に示す出店計画

「まずは、三年で二〇〇億円やな。君は何が得意なんや？ 君は何をしたいんか？ どうや、君、店長やってみるか！」

一九七〇（昭和四五）年ジャスコ設立間もないころ、松本市にある老舗百貨店「はやしや」の救済・再建の要請が銀行筋からあった。当時松本市にはもう一軒の百貨店があったが、はやしやは三越から役員を受け入れるなど、地方によくある東京の百貨店のミニ版のような存在であった。しかし、売上は低迷し、多額の借入金を抱えていた。マスコミや業界では、スーパーに百貨店の救済が出来るのか？ と注目の的だった。

営業的には「業態」を変更し、組織的には仕入れと販売を分離した。売場から商品部に人を引き抜いて、売場は極力セルフ・セミセルフにし、受け持ち範囲もそれまでとは違い格段に広くした。

たとえば、それまでは「喫煙具売場」の課長がいたのを、一人の課長がワンフロアを担当するといった変更である。さらに、以後、総合スーパーを目指すため、スーパーマーケットを研究する「SM準備室」と、店舗展開をする「開発部」を新設した。

ある意味では、ジャスコの真価が問われる案件であった。

一つ、難問があった。労働組合がとても強く(組合の主張は正論ではあるのだが)、経営者・幹部は弱腰で何もできず、経営主体はあってないごとくだったのである。

そこへ岡田もよく訪れた。

ある冬の夜、幹部を集めて屋上のペントハウスと呼ばれた「社員食堂」でミーティングを行った。岡田は寒いのに背広を脱ぎ、カッターシャツの袖をまくりあげ、滔々とアメリカの実情やこれからの流通業界の在り方を、そして、はやしやの今後についての夢を語った。

そして、長野県の地図をもってくるように指示し、それを黒板に貼り付けた。

「今は松本に一店舗だが、今後はどんどん各地に出店していく。ところで出店候補地と思われるとこはどこや?」と参加者に問いかけた。

長野市と答えが返ってくると、「長野市は人口どれだけや?」、「そうすると二店出せるな」、「次はどこや?」と、次々と質問をしていく。

一人ひとり指さし、上田市、諏訪市など答えさせつつ、ニコニコしながら長野県の地図二〇か所にピンを打っていった。

「まあとりあえず三年で二〇〇億円やな」

参加者は初めのうちは冷めた態度で臨んでいたが、やがて自ら都市名を告げるようになっていった。

そうすると、今度は、「どうや、君、店長やってみるか」、「君は何をしたいんか」、「君は何が得意なんや」と、気持ちをどんどんと聞き出していってしまう。

最初は斜に構えていた参加者たちも次第に飾らず率直に答えるようになっていった。それまで、社長や幹部と話すのは、団体交渉の対立のときしかなかったのである。しかも、いまだ一店舗で喘いでいるのに、多店舗展開など夢にも考えもしなかったのである。

それが、夢を語るようになったのだ。その地図はそのまま社員食堂に貼り続け、全社員の目に留まるようになった。以後、社内の雰囲気はガラリと変わった。いわば傍観者、批判者から当事者に変わったのである。そしていつまでも変わることが出来なかった者は去っていった。

四年後、多額の借入金はすべて完済した。商品回転をよくし、回転差資金による余剰はジャスコ本体に回すほどになった。そして、信州ジャスコに社名を変え、上場を果たすまでになった。

岡田の飾らない、率直なそして具体的な夢に、社員が変わったのである。

3 「どや」

「遠く赴任した岡田屋の仲間たちに万感の思いを込めて」

「どや」とは、あまり聞き慣れないかもしれない。

この短い言葉を、岡田は「君、どうしてる？　何か困っていることはないか？」、「業績はどうか？」など幅広い問いを含んだ言葉として使っている。

最初、尋ねられた人はどのように応えればよいのか迷って、「はい、順調です」、「問題ないです」、「頑張っています」などと言うが、岡田はそんなことを聞きたくて言っているのではもちろんない。

むしろ、問題となっていること、障害となっていること、困っていることを、私的なことを含めて聞きたいのである。つまり、生々しい現場の声を聞きたいのである。だから、質問に幅をもたせて、「どや」と問う。

それに対し、考えさせ、その応答をキッカケにいろいろ話を続けるのである。

声をかけられ、話を聞いてもらった社員は、「自分は社長に聞いてもらった」、「社長に話をした」というだけで、特別感、見てくれていたと感激するのである。

ジャスコ設立後、三重で育った多くの社員が、関西、東北、関東に赴任した。ある人は店長に、またある人はスタッフに、商品部員になって、全く見知らぬ土地へと赴任していった。

年に一度あるかないかの社長の巡回時には、岡田の「どや」も格別の響きがあり、その「どや」を受ける側も思いを込めて返答する。まるで久々に会う同志のようであったと、みんなよく言っていた。

岡田の「どや」はそんな特別な言葉なのだ。

会社が大きくなるにつれて、直接会話をする機会は次第に少なくなっていったが、どこかで出会うと、岡田は顔を見るなり「おお」とめったに見せない笑顔で声をかける。

声をかけられない場合は、「ここに居たのか。どうしているのか、元気か?」といった感じで「コクン」とうなずいたり、「目くばせ」する。

この普段見せない社長のちょっとしたしぐさに社員は「見てくれている」、「覚えてくれている」と安心・発奮する。

岡田の人間的魅力はこんなところにとてもよく表れている。

ちなみに、オカダヤ時代のころ、宿直をしているとき、電話がかかってきた。

「わしや」という受話器越しの声で、岡田だとわかった。が、そのままでは面白くない。

「はあ、〝わし〟さんですね。どちらの〝わし〟さんですか?」と私が返すと、「そんなことを言うんは、東海くんやな!」と笑いを含んだ声で言う。

そんなやりとりも、遠く赴任した岡田屋時代からの仲間という安心感を与えてくれる。

人間とはそういうものなのである。大きな動機づけなどいらないし、多くの言葉なども不要である。何もこれはトップに限ったことではない。それぞれの立場、それぞれの部署で考えねばならないことである。

4 律儀であること

「自分がされたくないことは人にしてはならない」

岡田は非常に律儀な人物である。

父の惣一郎が渋沢栄一と面談したときのメンバーの一人に石崎という人物がいる。彼が思い出をつづった私家本には、次のような記載がある。

（ハルピンから）引揚げて来るまでは卓也さんと会ったことはない。ところが帰国して、岡田屋を訪ねると、卓也さんは初めての私を非常に歓迎して下さった。

「僕の父と石崎さんが非常に仲がよかったことを知っています。そのころの店員がいて、当時の話をよく聞かせてくれました」と言って、私が東京から年一度の帰省に際しては、どんな忙しいときでも必ず都合をつけて会ってくれた。また自分の車を私に自由に使わせてくれもした。お姉さんの小嶋千鶴子さんもこれに劣らず私を歓迎してくれた。

ただ父親の友達だったということだけで、姉弟して至れり尽せりの至情を示してくれるのは、古い友情のおかげで有り難いことである。

（『思い出のままに』石崎広治郎著、昭和四六年刊）

岡田のそういった話は枚挙に暇がないほどで、いかに義理堅く、実直な性格であるかがわかる。

その際たるものが、合併を目前にシロの井上次郎が亡くなったときのことであろう。あまりにも経営の内容が悪かったシロを大部分の人が「切るべきだ」と言った中で、岡田は、井上の無念の死に思いをはせ、「もし井上が生きていたら、シロを切ったかもしれない。その井上は死んだ。死んだ人間が残したシロをおれは切ることはできない」と言って、シロの回収不能の売掛金五億円は岡田屋の利益で、目前に迫っていた手形決済は、岡田個人の家と土地、保有する預金、株券などいっさいを担保に個人保証で銀行から借りてしのいだ。

また、岡田屋時代に勧銀（第一勧業銀行、現在はみずほ銀行）に世話になった恩義を忘れず、以来勧銀とは金融面だけでなく人材面でも付き合いが継続している。

一九九七（平成九）年、勧銀からA氏を社長に迎えた。A氏は人格・見識に優れたよき社長であったが、以前の銀行での不祥事で起訴された。

当時マスコミから「そんな人を社長にした」と非難めいたことを言われたが、「A氏は前の勤め先でそういうことになったが、うちでは立派に勤めてくれた。関係ない」と、岡田は断固として非難をはねのけた。結果として、A氏は社長を辞めることになったが、岡田は付き合いを続けた。

さらに、真偽のほどはわからないが、A氏が拘置所から出るときに迎えの車を差し向けたのは、岡田だといわれた。これを聞いたとき、彼ならそうするだろうと思った。

一九四八（昭和二三）年、物資不足でヤミ市などで荒廃し、堕ちた商業道徳を立て直すために立ち上がった、日本商業界の精神的支柱の倉本長治先生、新保民八先生の主催する商業界ゼミナールには岡田屋は当初から参加した。

時代を経て、大手小売業が離れていく中、イオンとなってからも七〇年あまりの付き合いが続いている。

渥美俊一先生率いたペガサスクラブも同様である。渥美先生ご逝去の際には岡田が指名した幹部にお世話、お手伝いも命じた。

自分を育ててくれた、ふるさとへの恩返しのために、一九七九（昭和五四）年、私財を基本財源として財団を設立して、三重県の文化・芸能・伝統産業の振興に個人および団体支援活動を行っている。

岡田屋時代から自分を支えてくれた元社員に対しても、最後は出来る限りの職位につけ、その恩に報いた。また、周年記念や卒寿の祝いなど節目節目には元社員をパーティーに招き感謝の念を表した。

岡田文化財団三五周年記念誌には、論語の忠恕《ちゅうじょ》の「恕《じょ》」を自筆で掲げた。「自分がされたくないことは人にはしてはならない、それが恕だ」という、つまり思いやりについての孔子の教えである。

ちなみに、姉の小嶋千鶴子は、手土産などを持参すると、「あんた、なんかとりいろうとしているんか」と、全く受け取らないし、どうしても拒否できない場合には、「倍返し」をしたりする。

一方、岡田は、ニコニコしながら、「ありがとう」と受け取ってくれる。送られてきたものであれば、きちんと礼状を差し出す。

そんな律儀さと可愛げもまた人間味にあふれていると同時に、厳しい姉と、年の離れた弟といった側面を表していて、ほほえましく感じられる。

5

年上キラーの一面

「他人に好かれることは媚びることではない」

経営者の本質は人を通して事を為すことにある。

人とは、経営に参加する部下だけではない、もう一つ、他者からの引き立て、援助、協力がないと事を為すことができない。あの人なら、と舞台に上げてくれる、あるいは、あの会社のためならと見込んで、いわゆる「眼を掛けてくれる」人がいるかどうかである。

「世間は正しい」とは松下幸之助氏の言葉だが、正直で勤勉で青雲の志をもち、闘志満々の青年、岡田卓也を世間も放っておかなかった。

急速に拡大発展していく岡田屋は、同業他社からは、当初「成り上がり者」と多少のやっかみもあったが、やがて彼の実力を認めざるをえなかった。三一歳で四日市商店連合会の会長に推され、四日市商工会議所では東洋紡の創業者の伊藤伝七氏の知遇を得た。

商工会議所で小売業の議員を一〇人入れようと奮闘した話は前述した。が、ここで一つ付け加えておくことがある。

当時の会頭伊藤伝七氏が、それぞれの部会長に掛け合って、九人まで小売業の議員を入れたところで、「岡田君、君の言うことを九〇%聞いたから、一人ぐらい遠慮してはどうかね」と問われ、岡田は、「これだけ会議を混乱させたので、責任をとって私が立候補をとりやめます」と伝えた。

すると伊藤氏は、「そりゃ、まずい。君が入らないと恰好がつかない」ということで、伊藤会頭の推薦議員ということで岡田は議員を務めることになった。

そして、まわりは六十代ばかりの中で三八歳のときに商工会議所の副会頭となった。また、合併先のフタギの社長二木一一氏も年の離れた年長者であったが、厚い信頼を得ていた。

合併に先立って、東洋レーヨン（現在は東レ）が親睦をかねた勉強会「東レサークル」を開催していた。その初代会長がリコー三愛グループの市村清氏。彼を学歴や閨閥に頼ることなく、才覚と努力で独創的な大企業グループをつくり上げたとして、岡田は自らが目指す企業家の模範として仰ぎ見、その東レサークルに毎回欠かさず出席をしていた。

その市村氏が東レサークルの会長を辞めるとき、後継として二木一一氏を指名した際、二木氏は条件を一つ出したという。

「副会長に岡田君がなってくれるなら、私は会長を引き受けます」

市村氏自身も若い経営者の中で、岡田に非常に眼をかけていたことから、二木・岡田コンビが誕生した。

このことも、合併に向かうにあたって大きなきっかけになったことは間違いないだろう。

さらには、市村氏の薫陶を受けた東急電鉄の五島昇氏。彼が東京商工会議所会頭の折に岡田は副会長として会長を支え、そして五島氏が岡田を小売業界の社会的権威と責任の確立のための財界活動に導いた。

また、長年、監査役を務めていただいた川崎進一先生も明治生まれの年上である。

さらには高嶺の花ともいえる奥方との結婚も、「卓也という人を私は見込んだ」という奥方の母上のひと言で決まったというほどだから、よほど年上にかわいがられる質なのだろう。

末っ子という特性もあるのかもしれないが、年上からの引き立て、また年上との付き合いがうまいのも岡田の魅力の一つだろう。

6 おにぎり二つでええわ

「三着一万五〇〇〇円の背広とみたらし団子」

経営者は朝から晩まで、そして三六五日会社のことを考えている――、後年、岡田に接しての感想である。そういった経営者は、その下で働く者にとって、ありがたいことである、そう思える年になってきた。

「常在戦場」なのだ。だから、常に鎧兜（仮面）をつける必要がある。自分を守るためだけではなく、会社をも守るため。スキだらけの経営者や人の好い経営者では、その辺の「好々爺」にすぎない。会社を危うくして多くの人を路頭に迷わすことになる。

岡田も青年期には屈託のない、溌剌とした、フレンドリーな社長であった。が、会社が大きくなるにつれ、人脈が増えるにつれ、社会での役割・期待が増えるにつれ、それぞれに応じた仮面をつけざるをえなくなった。

終始、ニコニコしていたのでは、人になめられるし、そうかといって、仏頂面をしていたのでは、人が寄りつかなくなるし、とても難しい。上に立つ者は少なくとも風貌言動に「威厳」が必要であると思う。

長い間、常在戦場にあった岡田にとって、仮面をつけた姿は役割性格化している。表現を変えれば、岡田卓也＝経営者、あるいは、人間と役割が一体化しているのである。

ところが、常在戦場といっても「休息」のときがある。そのときに見せる岡田の細かい言葉の一つひとつ、しぐさに「人間的魅力」、仮面を脱いだ原形が垣間見えることがある。

岡田を知る人はこれがたまらないという人が多い。

「お昼ごはん何にしますか?」と尋ねると「おにぎり二つでええわ」という返事に知らない人は冗談かと思うぐらいびっくりする。

若いころは、店で売っている「三着一万五〇〇〇円」の背広を着て、営業から帰るなり、「こんだけ注文とってきたぞ!」と本部のみんなに披露する。四日市の老舗「嶋小《しまこ》」の少し醤油辛いみたらし団子が好物で、とにかく飾らない、庶民性、へだたりを感じさせない魅力がある。

七〇過ぎのとき、若々しく精力的に活動している秘訣を聞かれて、
何も特別なことはしていませんが、そういうタチなんでしょう。私はもともと髪

7 去っていった者への配慮

が多くて黒い。祖先はおそらく南方のインドネシアかフィリピンあたりから黒潮に乗って日本へきて、紀伊半島にぶつかって伊勢湾に流れ着いたのだろうと思うんですね。

（『トップが語る21世紀の経営戦略』西村晃との共著）

などと、本気か冗談かわからないようなことを言っている。

人が集まるところでも、ポツンと身の置きどころがないような「孤独」の感じを受けるときがままある。誰のところへもツケをまわすことのできない、最終責任者の孤独の一端を見るようでもある。

そんなときは、紹介されても〝はにかむ〟ようなそぶりで、会話の途中での間、遠くを見つめる眼に普段見せる経営者「岡田卓也」ではなく、人間「岡田卓也」を見るのである。

幾重にも重ねた仮面の一番奥には、あの若いころと変わらない表情がそこにある。

「うち（会社）で学んだことが世間で活かされているようであれば、それは喜ばしいことではないか」

離合集散は世の常である。まして経営においては、来る人、去る人、それぞれがあり、人それぞれの理由がある。

経営者の判断基準は、「役に立つかどうか」。人材か否かの究極的な判断材料は、それが最優先される。極端にいえば、それ一つで用が足りる。

非情といえば非情であるが、組織の目的を達するためには仕方がない。

役に立つかどうかは用い方、時間的要素が加わる。過去に役に立った人が今日役に立つとは限らないし、反対に今日役に立っても明日役立つ保証はない。

会社の成長過程で起きる必然性である。

もう一方、合う、合わないがある。それは人と人のこともあれば、人と仕事で起きることもある。

岡田屋からジャスコ、ジャスコからイオンへの歴史は、来る人、去る人の往来であったといっても過言ではない。

岡田は人間好きである。不正や事件を起こして去った者は別として、仮に喧嘩別れをしたとしても、その時点では役に立った縁があった人である。

そういう縁を大切にする度量の大きさがある。退職して他社に行った人にも、「おお！　どうしてた？」、「今何してんや」と気さくに声をかける。「今は、〇〇しています」と言う返事にも、「それはよかった」と、笑いながら応対する姿を私も数多く見た。

元幹部などであれば、イオンの周年記念パーティーなどの席に招待する。仮面をつけての対応なのかもしれないが、人はいろいろな事情で去ることがある。来る人に対する配慮も大切であるが、去っていった人への配慮にはその人間性が出る。器が出る。

岡田にはそれができる人間性がある。苦労人のなせるわざなのであろう。

一方、小嶋千鶴子は全くといっていいほど正反対である。

私が新入社員だったころに配属された商品管理課に、同期であるというのにかたや取締役営業部長、かたや何十年も荷受場の車の運転手という二人がいた。小嶋に聞いたところ、営業部長は戦後いち早く岡田屋の経営に復帰した人で、もう一方は、一度辞めてから再復帰した人だという。

また、ジャスコ時代には、課長で辞めたものの後に小嶋を頼って再雇用してほしいと言ってきた者がいた。そのとき小嶋は、「君、ジャスコを辞めるときは相手の会社とジャスコとを天秤にかけて、相手の会社がいいと考えたからそちらを選んだんやろ。単なる景気がいいとか、報酬が多いからといって選ぶ君の価値基準が間違ってる。そんな人は同様なことをくりかえすから採用はせん」とぴしゃりと言ってのける。

実に厳しい。

経営者と人事専門経営者との違いかもしれないが、それぞれの人間性を表していて、実に興味深い。

8 不合理・理不尽を徹底して嫌う

「お上からおこぼれを頂戴する事業や単なる利ザヤだけを稼ぐ仕事なんぞは全く興味がない」

岡田は非常に合理的である。

特に、官のやる不合理・理不尽には徹底して抵抗する。生理的に受け付けない。それは、小嶋も同様である。

義憤、公憤と言ったほうがよいかもしれない。

小売業界中小商業者の保護を目的とした百貨店法、大店法、大店立地法など、大規模小売業にとっては規制、制限が長く続いた。

その結果、無意味な調整や根回し、政治家の思惑など、消費者にとっては何ら関係のないところでの不毛な対立で双方が消耗した。たとえば、SC(ショッピングセンター)を開設する際の駐車場の確保、騒音対策などは、大規模工場でも起きる問題であるのに、小売業界だけに課した。

小売業は命に関わる公害問題を起こしたことはない。一部の業界への補助金・助成金制度を要求したこともないし、それに浴したこともない。団体や連合会を通じて企業献金をしたことも税制を駆使して法人税を納めなかったこともない。むしろ、消費者、生活者に直接に接して暮らしを支える業界なのに……と、常に官とも戦ってきた。

そういう、大勢、体制に従うことをよしとしない反骨精神、長いものに巻かれない、商人本来のリベラルさを醸し出す岡田の魅力が人を動かすのかもしれない。

とにかく内に秘めた熱さを感じさせられるのである。

第5章

「実践者」岡田卓也

1

リスクテイクを恐れない

「他人と同じようなことをやっていても仕方がない。人がやっていないようなことをせんとあかんわな。二番煎じなどが一番嫌いや」

経営は連続する意思決定の産物である。日常の瑣末な判断から会社の命運を懸ける大きな意思決定もある。決断といってよい。あえて、危険（損失）が生じる可能性があることを理解したうえで意思決定をしなければならない。でないとリターンは得られない。

小嶋千鶴子は経営者の能力条件として、その著書『あしあと』の中で客観的判断力、主観的判断力、リーダーシップの三つを挙げている。

そのうち、客観的判断力については、どこまでが確定的で、どこまでが不確定かという確定・不確定要素を冷静に分析できることであるとしている。

そして、主観的判断力については、「不確定性の部分に対してリスクを負えるという勇気である」としている。

不確実と知りながら、一つの決断をするリスクに対して臆病でないということである。そのリスクを負って、なおかつ前に進もうというわけだから、そこには自分の覚悟なり信念がないと踏み込むことはできない。その意味で主観的判断の背景には、自分の心を強く揺り動かすだけの何らかの要素がなければならない。

岡田の決断の歴史を遡ってみると、まずは岡田屋の本店を辻町から諏訪新道へ、そして近鉄駅前への移転決定が挙げられる。経営体力的にも大きなリスクを含んだ決断であり、「岡田屋は何をするんや」と世間では見られたに違いない。

次には、衣料品店からチェーンストアスーパーへの転進。そしてジャスコの合併は、会社の命運を懸けての決断だった。続く数々の合併、あるいは多角化戦略による新会社設立、廃業・統合・売却などのスクラップ&ビルドはいずれもある程度の経営体力があったにせよ、これも決断の連続だった。

とりわけ、海外企業との提携や合併、海外出店などはその国の法律・文化・慣習・言語等の違いもあり、コントロール不可能領域に足を踏み入れるようなものである。なかでも、成功例はアメリカのタルボットの買収案件である。当時四〇〇億円ともいわれ、役員全員が反対する中、岡田は買収を決断した。そしてあまりある多くのリターンを得た。そのリターンは金員だけではなく見えないノウハウ・資産を得たのである。

ジャスコは早くから海外に眼を向け、韓国の味元水産、ブラジルの畜産農場、ニュージーランドタスマニアのフィードロットの牧場、タイ、マレーシアへの出店など国際化を推進した。タスマニアの牧場経営、マレーシアを除いては事実上撤退をしたが、それもまた勇気のいる決断だったろう。

このジャスコ前期の海外事業の展開は、多くの経験と人材育成に役立った。ノウハウを得たことも事実である。それが今日の中国をはじめとする、アセアン諸国への展開につながる。国際事業にはその国独自の「リスク」といわれるものが付きまとう。それでもあえて決断しなければならない。

それらもみな、岡田の「小売業の近代化」、「小売業の地位向上」という強い信念があったからに違いない。

ちなみに、最後に付け加えると、タスマニアのトップバリュビーフはとても柔らかく、おいしいのが評判で人気商品になっている。

これも岡田の信念の為せるものだろう。

2 強固な信念と情熱

「ずっと続けていこうと思えば、長続きするシステムをしっかりとつくらなくてはならない」

信念と情熱とは、言葉の意味解釈は難しいが、一般的にはよく使われる用語である。双方とも肯定的かつ、もちあわせていれば、評価が高く、なければ評価が低くなる。信念がある、信念がない、情熱がある、情熱がないの類である。

強固な信念と情熱は、岡田も小嶋も人一倍もっている「美質」であろう。経営者や人の上に立つ者の不可欠の要素といえる。

前章にも述べたように、岡田と小嶋は、「小売業の近代化」、「小売業の地位向上」、それによって社員の生活を豊かにすること、さらには生活者主体の社会の実現を信念とし、情熱を注いだ。

岡田は自分のことを「運がいい男」と信じて、他言をはばからない。これは自己信頼につながる。そのうえに、使命感、役割意識が突出して強く、自分の思考・行動を他者に説明をしないで内に秘め、信念を貫く。

さらに岡田は、部下からの意見・稟議について、それをよしとした場合には「……」(無言)、反対・不採択の場合にはハッキリと「ダメ」、「やめとけ」、「するな」といった表現をする。否定のときにはあいまいにせず、短いフレーズで一段と明確に応える。そのため、ぶれない、ほだされない。それが頑固者として映る場合があり、そして他者からは近づき難い人物と思われることがある。

本来的にはそうではないが、経営者の行動特性からワンマンであるがごとく映る。もちろん経営者として、リーダーとしては、頼もしい要素でもある。

そして、岡田は、自分の情熱を他者に見せない、情熱を他者に求めない。もともと岡田は人のもつ内面的な精神的抽象用語を好まないし、また用いない。たとえば、失敗した部下に向かって「がんばりが足らなかった」、「やる気がない」、「忠誠心がない」などとは言わないのである。

この点は小嶋とは正反対である。

小嶋は「君なあ、今回の失敗の原因は何だと思う？　そこをしっかり自らが認識していないとまた失敗するぞ」と説諭から入る。

岡田も小嶋も、共通しているのは「こうありたい」、「こうしたい」という目標基準はあえて高く設定するということである。しかも、その目標そのものは我欲の満足ではなく「社会性・公共性」を帯びている。

岡田屋からジャスコ、イオンへと続く社会貢献活動がその好例である。

具体的には、イオン社会福祉基金、各種の募金活動、自治体との地域連携協定、公益財団法人による活動など広範囲にわたる。身体障害者雇用などにおいては、イオングループで目標を三％として、すでに二・五％を達成している。

バブルのときにはメセナといった聞こえがいい言葉で、みんなさまざまな社会貢献活動をしていたが、景気が悪くなるとほとんどの企業がすっと消えていなくなった。

しかし、それでは意味がない。

「社会貢献は、規模が小さな企業にも、できる。大切なのは続けることだ」との信念で、岡田は長続きさせるためにも、システムをしっかりとつくり、それを継続してきた。

強固な信念や情熱というのは、我欲だけでは継続してもちつづけることは難しい。社会性・公共性があるからこそ、常により高みに向かって邁進することができるものであろう。

岡田の信念・情熱とはそういったものなのである。

3 底を知る者の強さ

「何とかなる。いや、何とかする」

「あてがいもの」という言葉がある。

辞書にはその意味は割り当てられたもの、すでに用意されたものとある。創業者はこのあてがいものがないところからスタートしていることが多い。スタート時点は底といってよい。

そこからさまざまな苦難や困難を乗り越えて、なにがしかのものをつくり上げる。

一方、一般的に創業の苦労を知らない二代目や三代目、いわゆるサラリーマン社長などは、すでに「あてがいもの」の上に乗る。だから、〝もの〟（人・モノ・金）の扱いがぞんざいになる。

特に人の扱い方を知らず、とっかえひっかえの人事とイエスマンをまわりに侍らせ、事を行う。また、人材育成などにチカラを入れず、外部から見栄えのよいスター人材などを招き飾り物にする。

郵便はがき

おそれいりますが
63円切手を
お貼りください。

1028641

東京都千代田区平河町2-16-1
平河町森タワー13階

プレジデント社

書籍編集部 行

フリガナ		生年（西暦）　　年	
氏名		男・女	歳
住所	〒 TEL（　　）		
メールアドレス			
職業または学校名			

ご記入いただいた個人情報につきましては、アンケート集計、事務連絡や弊社サービスに関するお知らせに利用させていただきます。法令に基づく場合を除き、ご本人の同意を得ることなく他に利用または提供することはありません。個人情報の開示・訂正・削除等についてはお客様相談窓口までお問い合わせください。以上にご同意の上、ご送付ください。

＜お客様相談窓口＞経営企画本部 TEL03-3237-3731

株式会社プレジデント社　個人情報保護管理者　経営企画本部長

この度はご購読ありがとうございます。アンケートにご協力ください。

本のタイトル

●ご購入のきっかけは何ですか?(○をお付けください。複数回答可)

1 タイトル　2 著者　3 内容・テーマ　4 帯のコピー
5 デザイン　6 人の勧め　7 インターネット
8 新聞・雑誌の広告（紙・誌名　　　）
9 新聞・雑誌の書評や記事（紙・誌名　　　）
10 その他(　　　)

●本書を購入した書店をお教えください。

書店名／　　　（所在地　　　）

●本書のご感想やご意見をお聞かせください。

●最近面白かった本、あるいは座右の一冊があればお教えください。

●今後お読みになりたいテーマや著者など、自由にお書きください。

どうもありがとうございました。

そして自分は脇道に逸れる。その結果衰退するパターンが過去の例からも多いのも事実である。

岡田卓也は、二一歳、学生社長から始まる。

岡田の場合、お金はあっても、店もなく人もいないし、売るものもない。いわゆる「底」からのスタートである。この不足感が彼を駆り立て、店の建設資材・商品を求めて探し回り、やっと開店にこぎつけたのだった。この原体験こそが営々と続く会社成長へと牽引する彼のエネルギーの源泉ではなかろうかと思う。

戦後、岡田は、週に一回の割合で大学に出るために上京していたが、まだ講義などとても再開される状況ではなかったころ、キャンパスで学ぶより新宿や新橋の露店を観察することをしていたという。

ある日、新宿で中年の品のいい女性が露店をのぞきこんでルレット（生地を切る目印のための点線をつける道具）を探し歩いていたのに出くわした。見つからず、そこから離れていこうとしている女性を追いかけて、話を聞いたところ、洋裁学校の校長で、生地が入ってもルレットがなく困っているという。

そこで岡田は一週間後に必ず調達して届けると約束をした。

四日市に戻ると、従業員総出でルレットを探し、数百個を買い集めた。

翌週、その数百個をかついで、洋裁学校にルレットを届けたところ、校長は、数十個でいいという。

「あとは新宿の露店で売ります」と岡田が言うと、校長はルレットがなくて困っている洋裁学校をいくつも紹介してくれた。

それに対し岡田は、「紹介料です」と言って、その校長からは代金を受け取らず、そのルレットをもって、行商を始めた。当初はルレットだけだったが、次第に布や他の雑貨なども加えていって、商売を広げていったという。

そうした、あてがいものでなく、自分自身が探し、獲得してきたという経験が、強み・自信となっているのだろう。だから、困難なことに直面しても、どんな状況におかれてもあまり恐怖を感じず「何とかなる。いや、何とかする」とポジティブで執着しない行動をとるようになった。

この話は、『創業者は七代目―ジャスコ会長、岡田卓也の生き方』（辻原登著）に掲載されているのだが、このタイトルこそ、七代目ではあるが創業者であるという、あてがいものではないことを表現している。まさに言い得て妙だと思う。

4

現状維持を嫌い、常に革新を求める

「企業を存続させるには、革新を起こしつづけるしかない」

革とは改めることであり、新は新しくの意味である。

岡田の生まれた岡田屋の伝統は、〝革新的な商売〟をすることであった。現状に満足せず進取の気性をもつ。

岡田屋がジャスコになり、長年親しんだジャスコをさらにあえて社名を変え、イオンにしたこと自体、革新を象徴している。

これも、「大黒柱に車をつけよ」の一つである。

ジャスコが発足して間もなく二〇年、二十一世紀を一〇年後に迎えるという節目の年であった。一般に三〇年といわれる企業の寿命からしても、ここでもう一度「大黒柱に車をつけて」走りださなければならないときだったのである。

（『再び「大黒柱に車をつける」とき』）

一九八九（平成元）年の九月のことである。
「21世紀ビジョン・プロジェクト・チーム」を一九八七（昭和六二）年に発足させ、「これまでの常識が通用しない時代になるのだから、現在の事業、組織、グループのすべてを否定すること。ジャスコそのものを捨ててもよい」という、現状をすべて否定するところからスタートし議論を重ねた結果である。

小売業は製造業に比べ技術革新の恩恵を受けにくい。それは、労働集約型産業だからである。小売業の場合の革新とは、業種、業態（売り方のフォーマット）、立地、商品、価格、店舗構成等のいわゆるマーケティング上の戦略として表れることが多い。

しかし、それでは本質的な革新には至らない。

そのため、岡田は、イオンに改めた際に、それまでの連邦制経営からゆるやかな連帯へと経営手法そのものを改革したのだ。

それにより、資本関係にさほどとらわれずに、グループとしての共通部分をベースにもちつつもより自主性をもって各グループ企業が知恵を絞り、ノウハウを出し合っていく組織体を目指したのである。

ゆるやかな連帯の下では、われわれと違った業種、業態の会社でも志を同じくし、共感、共鳴してくれるところなら、いつでも門戸を開放し、グループに入っていただけるというメリットがある。

今日のように変化の激しい時代に、いちからすべて自分でやっていては時代に取り残されてしまう。こちらがもっていないノウハウやソフトを保有している企業と、ゆるやかでもいいから提携していくことの意義は大きい。

（『再び「大黒柱に車をつける」とき』）


そうして、より一層、グループを拡大していった。

岡田は「不思議なことにいつの世も、『今は大変革の時』と言われる。それに対して、どう自分が対応するか。ここで、今までの成功体験を当てはめては必ず失敗する。（中略）よく、『かつての専門知識は、次の時代の役には立たない』とも言われる。自らの成功体験は通用しない」（『岡田卓也の十章』）として、単なる変化ではなく、革新を起こす。

ハッキリしていることがある、それは革新をし続けないといかなる組織・企業も衰退するということである。止まると淀む、淀むと腐るのは、歴史の定理である。

岡田はそのことを一番恐れている。だから革新せよと人々にも危機感をあおる。

5 チャンスを見逃さない商人魂

「傍観者でいるかぎり物事は見えない。当事者として事にあたるとその本質が見えてくる」

製造業には手を出さない。これが岡田の事業観である。なぜなら、その工場でつくったものを売らなければならないという制約を受けるからである。

第1章で商人としての岡田の思想・信条を挙げたが、商人の発想にそもそもつくるという概念はない。商人はもともと自由、フリーハンド、これが特徴であり、武器である。その本質的な使命は、誰に対しても、適品を適量で、適切な価格で、適時に、適当な方法で提供していくということにある。いわゆるマーチャンダイジング活動をする人が商人である。

岡田も小嶋も根っからの商人である。商人とはお客様の望んでいることをよく知る、社会と人間観察者である。だから二人とも「目ざとい」。

小さな断片的変化を見逃さない。そして大きな変化になるかならないかを類推・想定する能力を若いうちから身につけている。

人の流れを見て、本店を移動することや、商品を探して見つけられなかった女性に声をかけ、その欲しているものを探し出して提供するといったルレットの話なども、同様である。

一九五一（昭和二六）年の終わりごろにこんなこともあった。

岡田が名古屋の大手問屋「滝定」の荷開きに立ち会ったときのこと。岡田屋など上得意先は優先的に卸してくれるのだが、荷開きがはじまるとすぐ懇意にしている滝定の番頭が「きょうはおさえめに」と耳打ちをしてきた。妙なことを言うなと思ってまわりを見まわしてみると、百貨店や小売り関係のメンバーがサージ生地を奪い合うように買いあさっていた。

「暴落だ！」とぴんときた岡田は、そのまま愛知、京都、大阪などの産地を回って情報を集め、暴落を肌で感じとった。

「下げで儲けよ、だ」と、岡田は四日市に戻り現金をかき集め、店には大売り出しの準備をするように指示を出し、自分は産地に行って暴落含みで弱気のメーカーと有利に談判してサージ生地を安く買い付けた。そうして、大売り出しを行った。

その後、サージの暴落が起き、岡田の目ざとさ、そしてそれを実行に移す機敏さが評価されたことがある。

物事において、チャンスなど簡単に訪れるものではない。受動的対応や常識の範囲などでは皆無といってよい。

また、順境のときに人がもち込んで「チャンス」というようなものは、すでにピークを過ぎたものか、鮮度を失ったものが多いと思わなければならない。

そういったものは、こちら側のチャンスではなく、もち込んでくる側のチャンスでそれに乗ったら大変である。悪い言い方をすれば、「カス」を掴まされることになる。だから岡田は「もち込み案件」や不動産屋の「もち込み物件」には手を出さない。

そういった面で、イオンは壁が高いと称されることもあるが。

チャンスは、自らで探すしかない。

岡田や小嶋の描く商人の姿は、小賢しい小手先だけの才覚を指しているのではない。期待を込めて、これからの商人像を七つ挙げる。
①地域のリーダー、②イノベーター、③チャレンジャー、④お客様を知る第一人者、⑤市場をつくるマーケッター、⑥新しい分野をひらくフロンティア、⑦異業種連携者のコーディネーター、これらはすべて経営者の職能そのものである。偉大な商人こそが偉大な経営者に通じるのであろう。

6 コストの岡田、質の小嶋

「不必要なところに金をかけ、見栄で体力以上に無理をした会社は潰れること間違いない」

岡田と小嶋、この二人の共通点の一つに質実剛健を挙げることができる。飾り気がなくまじめで、精神は健全、肉体的にもたくましく、華美奢侈を嫌い、物見遊山に溺れず、実直そのものである。

異なる点といえば、小嶋は物事の質にこだわる。広い意味での質である。物でいえば、高額品と良質品とはかならずしもイコールではないということであり、さらに用途に応じて質を問う。

たとえば、小嶋のつくった美術館「パラミタミュージアム」は決して華美ではないが、眼に見えない基礎部分にはお金を惜しまず、そうとうな地震にも耐えうる堅牢なものにしている。調度品も同様である。

また、敷地内には井戸を掘り、災害時市民の避難用の水源になればと、その設備も備えている。つまり目的によって耐用年数なども適切なものを選ぶ。選択眼をもっているのである。

また、現役時には、部下からの報告書、稟議書、提案書なども、その内容の質にはこだわった。「君なあ、この案は松竹梅でいったら梅やな。上・中・下でいったら下策やな」と言って突き返されたこと度々であった。

人を見る眼も同様である。決してブランドや見た目に惑わされない見識と人物を見極める眼をもっている。「精神の清潔さ」という基準をもっており、媚びへつらい、あさましく、卑しい人間は忌避した。それは能力とは異なる品性の基準である。

一方、岡田はコスト主義である。質は複雑さを伴うが、岡田はその点シンプルである。する・しない、よい・悪い、行く・行かない、賛成・反対など、その選択基準はコストである。

誤解のないように言うが、そのコストというのは、安ければよいということではない。ムダを省くということである。商品でいえば、必要でない装飾、見た目、よけいな付加価値、おまけなどは省いて、商品そのものの価値を大切にする。

例を挙げれば、ジャスコ設立から間もなくのころ、日清食品が「カップラーメン」を発売した。とても人気を博した商品で、そこにはプラスチックのフォークがついていた。

ところがお客様はどこでどう食べるのかを調査すると「家庭内で家庭の箸で」というのが多かった。そこで、ジャスコはフォークなしのカップラーメンを日清食品のラーメンよりも価格を下げて販売したところ、大ヒット商品となった。トップバリュのはしりである。

ちなみに、補足をしておくと、このオリジナルのカップラーメンは、そもそもメーカーが一方的に値上げをしてきたことに対し、「この値上げは、お客様の納得が得られない」として、少しでも安いものにしようという発想から出てきたものである。決して、メーカーをないがしろにしてのことではない。

また、遡ること昭和四〇年代、タビックスという、靴下と足袋をミックスしたような商品が流行っていた。

そのメーカーとの商談で、岡田は、まとめて買う分、営業費がかからないはずだからとその分のコストをまず下げてもらった。また、三つついていたラベルを必要ないからと一つにしてその分も下げてもらった。

さらに、一足ずつ紙袋に入れ、一〇足で段ボールに詰め、それをさらに大きな段ボールに入れられていたため、その包装を簡略化し、その分の値引きをもしてもらった。

そこにもっと工夫をしようと、タビックスに他社の広告をつけ、その分、お客様に還元できないかと考え、薬品会社に勤める同級生に提案をしたところ、すんなり広告を引き受けてくれた。

この例のように、無理なコストダウンではなく、岡田は、さまざまな角度から検討し、メーカーにも無理をさせずに機能本位、品質本意でムダを省く、コスト機能主義とでもいうようなことをする。

ちなみに、タビックスの広告のほうは具体的にすすめようとしたところ、薬品会社では水虫の薬の広告を入れたいということで、さすがに靴下に水虫の薬の広告はよくないと断念したと、笑いながら話していたという。

店舗をつくる際にも、「エントランスはいらん」、「こんな広い通路はいらん」、「広い事務所・バックルームはいらん」とまるで〝いらん〟人のごとくである。

店舗はあくまで「手段」の一つであり、そして（立地も変わるため）耐用年数も二〇年もてばよいという考えで、そこに過大な投資をすれば、商品を高くして売らなければならなくなる。そうすることは結果的にお客様のためにならないと実にシンプルに、お客様と直結する原則・基準をもっているのである。

あくまで、お客様が主役なのである。

7 そんなん、やってみないことにはわからんわなあ

「ただひとついえることは、よい話や具体的なアドバイスを聞いても、聞き手に理解力や実行力がなければ仕方がないということだ」

（『小売業の繁栄は平和の象徴』）

登山家であり、日本原子力研究所理事や日本生産性本部理事なども務められた西堀栄三郎氏はその著書『石橋を叩けば渡れない』（生産性出版）で、「完全無欠な準備や計画はありえない、決心すれば方法は出てくる。勇気は自信に先行する」と述べている。単なる冒険家ではなくデミング賞（品質管理に鉱石のあった人に与えられる賞）をもらったれっきとした技術者である氏が言うのである。

経営も同様である。岡田も小嶋もよく似たところがある。小嶋は「意思決定できない者は管理者失格」と言い、「遅い」ことを極端に嫌った。

岡田は「それ、やってみい」が口癖である。それに続く言葉は「そんなん、やってみないことにはわからんわなあ」である。

即意思決定をし、即実行することをよしとした。

新しいことに挑戦するときというのは、失敗を繰り返しながら解決策や適切な方法を見いだして次第に見通しを立てていかねばならない。最初からスッと上手くいくようなことはほとんどない。

一つの成功の陰にはいくつもの失敗が隠れている。古今東西、そんな失敗は「正史」にはのらない。企業とて同じである。それに、今の時点で成功と称されるものが、将来失敗だったとなることもある。つまり、いつの時点でも「試行錯誤」なのであると思う。

小さな話であるが、岡田屋が食品を始めたころ、福神漬けを販売したことがある。よく売れた。しかし、全く儲からなかった。仕入額より売上が少ないのである。なぜだろうと調べてみたらなんと福神漬けの〝つゆ〟を入れて販売していなかったのである。仕入額にはつゆも入った重さでの量り売りだったのである。

当然、福神漬けはなくなり、つゆだけが残ってしまった。

まだまだモノ不足の時代だったため、この〝つゆ〟も結局は売ってしまったが、試行錯誤とはそんなものの積み重ねである。

岡田は数多い意思決定の中でも、新店開発候補地は必ず自分の眼で見る。二〇年先の見通しを立て多額の固定投資をするからである。候補地だけでなく、周辺、街の外環を車で回る。

とはいえ、岡田にしてみると、新店開設に関しても完成品はなく、常に研究途上の試作品なのである。ソフトオープン方式として、本来の開店の何日か前から店を開け、調整していく。

同じような話を明治生まれの陶芸家・加藤唐九郎氏の三男重高氏から直接聞いたことがある。

「父は作品が完成するころになると、もう次の作品がアタマにある。だから焼きあがった作品のほとんどを叩きつけて割ってしまう。出来不出来ではなく、これでよしとする自分が嫌なのです」と。

岡田は一種の「勘」で、意思決定を行っている。「勘」とは、スピリチュアルの世界ではなく、今までの積み重ねそのものが「勘」という果実になっているのである。

どちらかというとサイエンスに近く、物事に対する洞察力、あるいは想定と現実に起きた事象との乖離・原因をつぶさに顧みる思考の蓄積がそうさせるのではないかと思う。内省的というのに近いかもしれない。

このようなことは、その業務に精通・習熟した人には備わっており、一瞬にして選別・選択する能力があるというのは、わかる人も多いだろう。

センスともいう。ただ、センスは経過年数ではなく、自ら意思決定した成功・失敗から得られるものであり、意思決定しない者には絶対身につかない能力である。

戦後間もないころ、神戸大学教授の平井泰太郎先生の勉強会で、岡田は具体的なアドバイスを二つ受けたという。一つは、「どれだけ借金をしてもいいので、戦争で焼けた街の『駅前の土地』を買うこと」、もう一つは、岡田に対して、「呉服屋なのだから、どれだけ借金してもいいので、焼けていない街の呉服屋の商品を買いなさい」ということだったそうだ。まだ若く、経験もなかった岡田は、それだけの知識も理解力もなく、ただのお話として聞いていただけだったという。

また、一九四六（昭和二一）年に日本をインフレが襲ったとき、小嶋が今ある現金でどれだけでもいいから商品を仕入れるよう指示したとき、インフレで貨幣の価値が下がりお金よりも商品をもったほうがいいということは感覚的にわかったものの、そこでどういう経営判断を下すべきかまではわからなかったという。

自ら意思決定をし、試行錯誤をするという経験を積むことで、それらがどういう意味をもち、どう行動すべきかということを身につけることができた。

自らが行動することでしか、果実は得られないのである。

第6章

「経営者」岡田卓也

1 もっと珍しいもんないんか

「こんなんどこでも売っているやんか。もっと珍しいもんないんか」

「ジャスコの店づくりはいつ見ても面白い、同じものが一つもない。うちではこのようなことは出来ない」と、かってイトーヨーカドーの開発部員が私に言ったことがある。

たしかに、岡田卓也は画一性、横並び、金太郎飴といったことを極端に嫌う。「何の工夫もないやないか」、「誰でも出来ることやないか」、「これ何がちがうのや?」とよく言う。平凡、安定、均質より、オリジナリティを好み、たとえそれが未完成であったとしても、「おお!」と言って眼を細める。

若いころは朝から晩まで「オリジナル商品」、「オリジナル商品」と言って、仕入れ係に向かって「こんなんどこでも売っているやんか。もっと珍しいもんないんか」と四日市弁で話していた。

それは商品だけでなく、社員の採用、人の用い方でも同様で、岡田は一種の「変わり者」、「はみ出し者」を好んだ。学生時代にどこどこの海を泳いで渡ったとか、尺八の演奏で全国を回ったとかいう学生を好んで採った。入社二年目にして上司とともに仕入れに行って「レースの子供ワンピース」をトラック四台分買ったとか、また、アメリカ視察の公募論文に、自分がアメリカに行って見たいことを箇条書きに三〇〇項目挙げただけの者を採用するなど、スパイスの効いた人物を好んだ。

とにかく、お行儀のよい管理タイプではなく、「何をしでかすかわからん」人間を面白がった。

さらには、「三五歳定期採用」といって、中高年者の定期採用も行った。これは、一定のキャリアをすでにもっているものの、事情があって転職したいと考えている人や、一度家庭に入ったものの、もう一度社会に出て働きたいという人などを対象にした定期採用である。新しい事業機会をつくっていくうえで必要な人材を確保するため、小売業の経験者ではなく違った業種の経験者を意図して採用したのである。

このように採用方針や試験の内容、やり方などなど、とにかく他社のまねではなく、常に進取の精神で新しい方法を自分たちで編み出し、オリジナリティを求めた。

あるとき、小嶋千鶴子が人事部の私ともう一人に「あのな、うちの社長は変わり者が好きやからその選ばれた人を注意して見とらなあかんよ。社長といえども人間やから間違いもあるでな。それも人事の役目やから」と耳打ちしたことがある。姉しか言えない言葉である。

それほど、商品選び（仕入れ）から、店づくり、人の用い方まで、一風変わったオリジナリティをよしとした。

意識的か無意識かわからないが、ダイバーシティマネジメントを実践していたのである。

2 苦難の克服から得た優れた洞察力

「最近は、商売をする人間が、本当に『考えていない』という気がする」

（『岡田卓也の十章』）

岡田は、外見の豪胆さからは想像が難しいかもしれないが、内面は誠実で、正直で、心優しい面を有している。それが、若い時分からの苦労をして、優れた洞察力や勘を育む土台となったのであろう。

岡田の予言とも思えるような発言を私はよく聞いた。

ある市に新店を開設することになり、そこの市長に会っていただく段取りをしたことがある。

その帰りに私に言った言葉が印象に残っている。

「あの人は市長ではなく、かけひき上手な商人であるから気をつけるように」

その後、その市長は市の体育施設建設の収賄で逮捕され失職した。

また、四日市に名古屋の百貨店が第三セクターの誘致で進出してきたときのこと。あるとき、店内をひと通り見た後に、「ここは一年後には撤退する」と断言したことがある。事実これもそのとおりとなった。

別の事例では大阪のある店舗を見て、「ここはあかんようになる」とも言ったことがある。売場の姿や従業員の様子などの小さな断片的な動きや情報から、大きなことを推察したのだろう。

おそらく、ダメな人物、ダメな会社を推し量る共通の尺度をもちあわせているようである。

それらは漫然と物事を見ている者、雑な者、驕り高ぶっている者、問題意識をもたない者には絶対に見ることが出来ないものなのだろう。

岡田の後任の社長はあるとき「岡田さんには私など全くかなわんことがある。私はせいぜい五年先しか見えんが、あの人は二〇年先が見える」と言っていた。

これは、店舗立地の選定に関する話ではあるが、やはり予言といってもいい類の洞察力のなせる業であると思う。

3 権力の行使と自制

「アクセルはブレーキがあるから安心して踏むことが出来る。アクセルだけでも、ブレーキだけでも車は走れない」

経営の本質は「他人を通して事を為すことにある」と他のところで述べた。

それは、働く人々に対して、自分の望む方向にその事柄が進むよう導くことである。

人々が勝手気ままに動いたとしたら、それは単なる烏合の衆にほかならない。

つまり、経営者は牽引者であり統御者である。言葉を変えれば支配者でもある。したがって、それには必然的に権力行使がともなう。そして権力とはつまるところ強制力にほかならない。

もちろん権力そのものに善悪はない。ただ、権力の正当性と、行使する目的とそのプロセスと結果が問題である。正当性にはその存在の正当性と行使の正当性があるが、ここでは存在の正当性については述べない。行使の正当性について、考えたい。

岡田家は「公私の別」について厳格である。何を公として何を私とするかの規定が最初に問われる。ここにその人のもつ倫理観や人格が表れる。そして権力は無限にあるものではない、一定の限られた範囲、目的に限られる。

「店（みせ）」は「公（お客様）」のものであり、従業員は社会からの預かりもの、会社は社会の機関であるという伝統がある。その中で岡田は育った。

公私の別も、奥（家族）と店では勘定も区別していた。

もちろん商売も浮利を追わず、「正業」に徹した。

このあたりが、法人化してもそれは名ばかりで、大半が依然として「生業」のままといったところとの大きな違いである。

「私」と「公」を混同して用いれば人はついていかない。仮についていく人があったとしても同様の行動をする。もはや目的をもった組織ではなく卑しい集団に落ちぶれる。

岡田も小嶋も根っからの経営者である。この両人は充分それを心得ていて、「会社＝皆のもの」としてとらえている。

だから、決して「私の会社」とは言わない。「私ども」と表現をする。

また、「君がそんなことをしていたら会社が困るやないか」、「もっと勉強して会社をよくしないとみんなが迷惑するやないか」ともよく言っていた。

会社を自分より上において表現する。言い換えれば、権力を有する経営者・トップであっても、会社という目的集団の「従者」であると規定しているのである。

一定の限られた範囲というのはこのことである。政も官も国民の従者であるという認識を欠いたとき、その正当性や行使の正当性を失うことと同じである。

権力をもつ者は存在するだけで、他にもある種の圧力をかけることになる。影響を及ぼすといったほうがよいかもしれない。岡田は自分の行動・言葉がどのように影響を及ぼすか熟知している。

そのため、後悔の念や愚痴を他人に言ったことがない。

浮かれない、驕り高ぶらない、私的なことは出さない、話に乗らない、長い話は避ける、部下と議論をしないなど、自分の言動が誤ったシグナルを送ってしまうことを極端に恐れ、避ける。いわゆる脇が固いのである。

たとえば、長い話は、それを聞いた者が、その中から自分の都合のよいところだけを取り上げることがあるからである。

だから、岡田を評して堅物、警戒心が強く、怖い、ワンマンというように映る。

しかし、そうではない。権力をもつ者の大切な心得であるのだ。

「権力」とはつまるところ、「自制」との両輪である。

とはいえ、これほど、経営のトップにある者が心得ていても、「小権力」をもつ幹部の言動はこうでない場合が多いのも事実である。

特に世にいう「出世街道」を上ることに熱心な人は、役職辞令をもらうと、万能感を得たように豹変するさまを多く見てきた。

そして、最後には自ら身を滅ぼし会社を去っていった。

自制との両輪で権力の行使は為されるべきものなのだが。

4

幾重にもつけた仮面

「会社が大きくなるにつれ、世間とのつきあいの幅も広がってくる。耳障りのよい甘い話も時には舞い込んでくる。諫言などは皆無である。それを取捨選択する能力は、たとえそれがリスクを伴うことであったとしても自分を変え、学んでいくしか術はない」

昔、番頭格の人がこんなことを言っていたのを聞いたことがある。

「卓ちゃんは会うたびに変わっていく、大きくなっていく。もう、昔一緒に働いた卓ちゃんではないわ」と。それは寂しさと嬉しさの入り交じった複雑な感情であったのだろうと思う。

役割や相手によって変わる顔ではなく、その成長とともに、仮面を増やしていっているのである。見出しの〝幾重にも〟とはそのことを言いたかったのである。

組織のライフサイクルは、創業幼年期、邁進少年期、邁進青年期、最盛成熟期、中年安定期、そして、行き過ぎた官僚主義が支配する衰退官僚期、老年官僚期となり、死を迎える。そのサイクルの中で安定期に入るまでの創業者の役割は圧倒的に大きいのが一般的である。なぜなら、創業者自身が牽引者であらねばならないからである。牽引者のチカラが強ければ、途中の早死にも脱落も起きない。

組織が変わるのにつれて経営者が変わるのではない。経営者自身が成長することによって組織が変わるのである。経営者が変わることがその組織の成長、衰退、生死を決めるのである。小売業の歴史を見ても、経営者が変わることの出来なかった企業は衰退、または没落の憂き目にあっている。

出世魚、海老が殻を脱ぐ、羽化、自然の摂理である。

岡田は「お客様のために」が目的で、会社はそのための手段であると考えている。そして会社の存立の意義も活動も初めは「自分や家族のため」であった。

それが、「まわりのため」、「地域のため」、「小売業のため」、「国のため」、「世界のため」と広がっている。

昔は企業の寿命は三〇年といわれたが昨今では実感としてはもっと早い、中小企業に至っては、一〇年後の生存率は二五％ともいわれている。

前述した組織のライフサイクルでいえば、創業幼年期までたどり着かないのである。

岡田は先を見る眼に優れている。だから会社の成長のために、何が必要で何を捨てなければならないかを知っている。成長の過程でいくつも「仮面」をつけてきた。そして、その仮面に執着することなく不必要なら躊躇なく捨ててきた。「君子豹変す」、すなわち自己変革がたくみで、柔軟なのである。

5 複眼的思考と長期的思考

「経営をするということは正解を求めることではない。意味ある活動を通じて、問題を探しつづけることである」

岡田家の思考は一貫して複雑である。物事を多面的、根元的にとらえる。加えて物事を長期、短期の双方の面から見る。

だから、複雑なのである。一見「偏屈」、「頑固」に見えるが、むしろ柔軟というべきで、なぜなら自分の頭で考えて、意思表示をはっきりするからである。もともと備わったものもあるだろうが、岡田の場合、小嶋との二人三脚の中から得てきたものが大きいだろう。

なぜなら、岡田と小嶋は思考のアプローチの仕方が全く違う。小嶋は理念・知識から入るが、岡田は実践的で役に立つか否かの有用性の有無から入るからである。

つまり表現を変えれば、形式知の小嶋と実践知の岡田である。だから実のある議論が出来、相互のコーチングが成立する。

この二人は案件によって、攻守、前衛としんがりの役割が巧妙に入れ替わる。岡田が前面に出れば、小嶋は後ろで補佐にまわる。逆に、岡田が嫌なことを引き受け前面に出て泥をかぶるときもある。

立場が変われば見方も変わる。だから、物事を多面的・根元的に見ることを日常化しているのである。信頼する姉弟だから出来ることなのかもしれない。

人前に出てくる二人の会話は「あんたそう言うけど、私はそうは思わんけどな」、「そうかなあ」とシンプルなものではあるが、そこに至る中身は濃い。

もう一つは物事の期間による思考の仕方である。短期で見る場合と長期で見る場合とでは、全く正反対の答えが出る場合がある。目先の利益に終始して、将来のもっと大きな利益を失うことがある。

小嶋は著書『あしあと』の中で、このことを安岡正篤先生の言葉を引用して説明している。

物事には、長期的に考えるのと短期的に考えるのでは、その結論が違うときがある。その場合は、長期的に考えてよしとするところに従うがよい。

物事には、根元的に考えるのと表面的に考えるのでは、その結論が違うときがある。その場合は、根元的に考えてよしとするところに従うがよい。

物事には、多面的に考えるのと一面的に考えるのでは、その結論が違うときがある。その場合は、多面的に考えてよしとするところに従うがよい。

そして、次のように締めくくっている。

この三原則が、あらゆる意思決定や行動基準に適用できる非常に応用範囲の広い原則である。今行おうとしていることが、果たして長期的に見て意義のあることなのかどうか、会社経営に当たっても根元的、多面的な行動基準は不変の鉄則であると思う。

この「ものの考え方三原則」の徹底のうえに、岡田と小嶋の複眼的思考と長期的思考が成り立っている。

6 挑戦と見切り

「失敗したらまたやればよい。あかんだらやめればよい」

志が低く、目標をもたぬ者、高みを目指さない者にとって「挑戦」は不要の言葉である。岡田や小嶋が高い目標に向かって挑戦しなかったならば、今でも地方の衣料店の七代目の店主にすぎなかっただろう。

それはフタギ、シロだって同じこと。三者が大同団結の挑戦をしなかったならば、今のイオンとて存在しない。

「それやってみい」というのが岡田の口癖である。それに続く言葉は「そんなんやってみないことにはわからんわな」である。

なぜなら実践をともなわないうちは、すべて空論・絵空事であるからである。馬に乗らない人は落馬しないがごとく、挑戦せず現状満足していたのでは進歩発展もない。挑戦を革新に置き換えるとすこぶる納得がいくであろう。

挑戦する意思決定には勇気がともなう、それは失敗を恐れない勇気である。小嶋も経営者・幹部に対して「勇気」を求める。

勇気をもつということは、それにともなう準備や知識、情熱がいる。どれか一つ欠けてもそれは「蛮勇」、「無謀」な行いとなり、会社を危機に陥れかねないことになる。挑戦には失敗のリスクが必ずともなう。機が熟さない場合、時期を逸する場合もある。社会の機運が向かい風の場合もある。要するにタイミングである。

岡田は「機を見るに敏」としか言いようがない肌感覚をもっている。

諏訪新道への移転、城下町である津への出店などもそうであるし、「上げか下げか」という流れを読むチカラもそうであろう。

ジャスコ設立後まもなく、三菱商事との合弁で「ダイヤモンドシティ」をつくり大阪の東住吉にSC（ショッピングセンター）を開店した。続いて、寝屋川にSCをつくり、世間の耳目を集めて、社会的な信用もさらに深まった。

「ジャスコは、岡田は、今度は何をするんだろう」とは、四日市の時代から続く、岡田屋と岡田に対する世間の興味と評判である。そこには、若干の嫉妬・揶揄も含まれているが。

「失敗したらまたやればよい」と小嶋も岡田も腹の据わった度量をもっている。何もないところから築き上げてきた自負・自信の表れであろう。

「あかんだらやめればよい」というのは、見切りのことである。挑戦も早いが見切りも早い、いや早すぎる場合もある。

商品相場が下がるとみるや、損を出しても売り切って現金に換える、岡田屋五代目の知恵である。

その知恵を引き継いでいて、他のことにも応用している。たとえば、関連子会社の成長が望めないとみるや、あっさりと廃業か合併、売却する。

店舗であっても同様に立地の変化によって寿命がないとみるや、喜々としてスクラップする。躊躇しない。執着せずに嬉しそうな顔をして潰すという。

常人とは違うところである。

7 信用というのれんを守る

「お客様から『信用』していただける店になるための源泉は、日々の商売の積み重ねであり、またその中にしかない」（『岡田卓也の十章』）

昔、お客様から「岡田屋さん」とさん付けで呼ばれた。当時、三重県では圧倒的に人気・信頼があった。岡田屋なら大丈夫という安心感と親密感の表れである。

女子社員の採用においても、学校長は上位から優秀な子を推薦してくれた。でないと学校側が岡田屋からの信用を失うという判断からである。

「優れた常識人」をつくるというのが岡田屋の教育方針であった。だから、単なる「販売員」の教育だけでなく、社会人として、ひいては人として立派に教育してくれるという、学校・親御さんの信頼があったのである。

企業であっても、人間であっても、お店であっても、商品であっても、独自性を持ちつつ、お客様からの信用をつくっていく。

それが暖簾をつくり、暖簾がお客様に認められれば社会から尊敬の念を持って見られる企業になれる。

(『岡田卓也の十章』)

信用は築くには時間を要するが、失うときは一瞬で、一挙に崩れる。そして、一度失ってしまったら、取り返しがつかない。

信用というのれんは、眼に見えないが、最も大切な資産である。岡田はそのことを充分知り尽くしている。

企業とて、一定の規模になれば社会の一員としての責務がある。前述した岡田屋の教育制度が物語るように、間接的な行為や大言壮語などではなく、些細なことの積み重ねがチカラとなる。そしてそれらは長い時間を必要とする。

「社会貢献は規模が小さな企業にも出来る。大切なのは続けることだ」と、岡田自身が語っているように、岡田屋時代から父親が亡くなった子供に奨学資金を出す「風樹会」や花を植える活動を続けてきた。

現在では、イオングループ各社が利益の一%相当額を拠出する「イオン1%クラブ」

をつくっている。さらには、公益財団法人イオン環境財団を設立し、「環境保全」、「国際的文化、人材交流、人材育成」、「支援事業および助成」の三つを柱に活動している。

また、岡田の個人資産を拠出してつくった公益財団法人岡田文化財団を運営、三重県の芸術文化・伝統産業の支援活動をしている。

これらの特長は活動を行う原資の確保に、継続できる仕組みをつくっていることにある。

他者のために何かを為すということは、責任を引き受けることにほかならず、責任はその範囲の広さと深さと継続する時間で決まる。

一方、営々と築いてきた信用も、失うときは一挙に失う。

組織のトップがその道を外せば命取りになることは過去の不祥事を見れば自明の理である。

そして結果として多くの人を路頭に迷わすことになりかねない。

そういった不祥事の原因の多くは「公」的意識の喪失である。都合のよい解釈で「私」の増大を際限なく広げ、それがやがて腐敗を招き、衰退、崩壊していくのである。

小嶋は言う。「会社が大きくなっていくにつれ、人脈も広がり多くの人たちが寄ってくる。誘惑も多くなってくる。しかもこれらは経営者の成長過程で起きる問題だけに避けて通ることはなかなかできない。結局のところ経営者自身にゆだねるしかない問題である。それらを乗り越える力がなければ真の経営者とはなりえない」と。

岡田はそのことをよく承知して、健全で慎重である。信用を失うような道に外れたことはしない。

8 優れた経営者がもつ最後の砦「徳」

「徹底して、誠意ある対応と毅然とした態度で取り組んだら、あとはもう何も恐れることはない」

岡田屋、フタギ、シロの完全合併にあたり労働組合が必要だと考え、ジャスコ労働組合を設立する前日。シロの社員たちが中心となって、別の労働組合をつくってしまった。このシロ中心の労働組合と大多数の社員が参加した本来の労働組合とを一つにするべく、一年もの時間をかけて話し合いを重ねたときの言葉である。

経営者に限らず、事を為した人には何かしらの「徳」が備わっている。

早いうちに身につけた人もいれば、人間関係や組織の運営を進めていく中でだんだんと身につける人もいる。

早いうちというのは、もって生まれた気質のことである。「梅檀《せんだん》は双葉より芳し」といわれるがそのことである。

第2章と第3章で、長々と千鶴子と卓也の歴史について述べたが、それは、直面する困難を克服していく過程で得たもの、卓也を創り上げていった人間性を構成する多様な精神的要素について感じていただくのが目的だった。

平和かつ豊かで、何不自由なく育ち、ある程度の基礎が出来上がった上（組織）に乗る二世や三世、またはサラリーマン社長には、操縦技術で運転は出来ても、人間的魅力で人を牽引していく牽引車にはなりえない。

逆境にも耐えうる忍耐力、高い目標を掲げそれに挑戦していく意思と勇気、人にかける温情と理性との調和、物事に対する誠実さと謙虚、自制など挙げればきりがない。

これらはすべて、信頼や尊敬を獲得する要素である。

だから、岡田は目上の人に引き立てられ、世間から信頼され、大きなものを託されたのである。岡田はこのことを「運」がよいと言うが、これこそ「徳」なのである。

人は複雑である。トップたるもの、「上三年にして部下を知り、下三日にして上を知る」ごとく、下の者はすぐさま上の者を見抜く怖い存在である。愚昧、無節操、臆病、貪欲、憎悪、偽善など、「徳」の反対が一つでもあったとしたら……、大きく育つことはまずないといえる。

9 競争と共生

「小売業というのは、いろいろなお店の共存共栄が可能な産業である。またお客さまの生活を本当に豊かなものにしていくためには、いろいろな店の共存共栄がどうしても必要とされるのである」

（『大黒柱に車をつけよ』）

よき競争は進歩を生む。士気を鼓舞し組織の推進力にエネルギーを供給する。悪しき競争は互いの足を引っ張り、進歩を妨げ凡庸な水準に満足して推進力を低下させる。

小売店にとっての直接的な競争店は近隣の同業他社である。遠く離れていても商業集積同士の競争もある。同じ業態同士の競争だけでなく、異種業態の競争もありうる。

また、今日では有店舗ではなく通信販売との競争もある。メルカリのように素人(出品者)との競争、生産者の直接販売との競争もある。安閑としておれない。

常に岡田は社員に向けて危機感を訴えつづけてきた。煽りつづけてきたといってもよい。オオカミ少年ではなくオオカミ社長だ。

競争の勝者・敗者を決めるのは常に顧客である。顧客が審判員なのである。なんといっても購買の決定権は一〇〇％顧客がもっている。岡田はそのことを長年の経験から骨身に染みてわかっている。「店は客のためにある」は単なる標語ではない、もっと深淵で現実的なのである。

顧客の満足は移ろいやすく、会社がキャッチする感覚が鈍くなれば、顧客はすぐさま競争店に流れてしまう。だから売上指標が何より大事となる。

アメリカの小売業の歴史を見ると、常に新しい小売業は「価格破壊・ディスカウント」を武器に出現する。岡田は価格にすこぶる敏感である。とはいえ、岡田の辞書に「粗利益率」の言葉はない。

岡田は、客単価より客数を重要視する。なぜなら客数は支持してくれているお客様の数だからである。商品の回転を見る、生きた在庫か死に在庫か、死に在庫が多ければ、欲しい商品があっても仕入れることができず、結局商品の新鮮度は失われる。これも先代からの伝統である。

一方で、岡田は競争関係を前提に「共生」という対立の要素を取り込む戦略をあわせもっている。〝敵も時により味方〟という巧妙でかつ柔軟な思考をもっている。このあたりが他人にはわかりにくい岡田の一面である。

古くは、岡田が四日市の商店連合会の会長だったころ。四日市にも本格的な商店街をつくろうと百貨店の誘致を考えた。

「岡田屋自体の売上が百貨店に取られ、その分岡田屋としては損になる。何をバカなことを……」、「そんな大型店が出来たら、木造で規模も小さい岡田屋はだいじょうぶなのか」といった声をものともしなかった。

商店街の店数がいくら多くても、同じような店ばかりでは魅力に欠ける。お客さまのニーズに十分お応えするには、いろいろな商品、あるいはサービスを提供するさまざまな店が必要だと思う。それらの店がお互いに補完しあい、共存してはじめてそれが可能になるのである。また、核となる大型店があれば、より広い地域のお客さまにきていただくことができる。そういう魅力ある商店街ができれば、人の流れが変わり、その商店街全体の繁栄につながると思うのである。

（『大黒柱に車をつけよ』）

共生とは人類が今まで滅亡せず生き延びてこられた、その知恵である。なぜなら競争相手も社会を構成する一員、一種の共同体なのである。

過去のジャスコの出店戦略は改正大店法の厳しいさなかでも、複合的な積極出店をしている。地域ジャスコによる出店、地元商業者との商業開発会社の設立による出店、地元からの出店誘致に応じての出店である。「進出」、「競争」ではなく、互いのメリットを出し合う共同体（商業集積）の出店である。

とりわけ、他社と大いに異なる戦略は単独出店ではなくショッピングモールとして、ジャスコを核店舗に、ナショナルチェーンの専門店、地元の有力な専門店で構成するモール出店戦略を採ったことであろう。そのため、出店反対運動はジャスコの場合、とても少なかったように記憶する。

共生とは、時に応じて他者のチカラを借りる弱者の戦略でもあるといえる。

「柔よく剛を制す」

岡田は「競争と共生」を見事に柔軟に、戦略に体現している。

10 使命と利益

「短期利益の追求だけではそれは投機に近く、会社は次第に弱くなる。長期的に利益を上げうるには使命が社会に適合しているかどうかが問われることになる」


事業経営を行ううえで、二つの課題がある。一つは「使命」。これについては、第1章で、岡田の使命について縷々述べた。もう一つの課題、それは「利益」である。

古典的には企業の目的は最大利益の追求とある。事業活動のよしあしの評価は最終的には「利益」しかない。つまり目的でなく結果の評価尺度である。

ただ、利益にはもう一つの側面がある。それは、永続事業のための資金調達と将来のための投資を可能にする役割である。最大利益ではなく最適利益の確保である。最適利益の定義は難しいが、要は投資と利益のバランスだろう。

悪例がある。ジャスコ時代、大阪・奈良・和歌山・兵庫の一部を近畿事業部とした時期があった。多くの収益が上がる、いわゆる〝ドミナントエリア〟であった。その事業部を担当した専務は、利益を最大限に出すために、あらゆる経費を削り、新規出店や売場改装も先送りした。乾いたタオルをさらに絞り続けるがごとく、である。

たしかに利益は一時上がったが、時の経過とともに競争店の出店に後れを取るようになっていった。その結果、利益も下がりつづけた。

つまり、将来の投資を犠牲にしたのである。専務が去ったその後、その地区を担当した責任者は大変苦労し、新店開設に拍車をかけて、ようやく前の水準を取り戻した。同じようなケースは長野県を中心とした地域ジャスコでも見られ、新店開設に後れを取り、他社に席巻されることになった。

投資とは、新店投資にかぎらず、人材育成投資、システム投資、研究開発投資等、多岐にわたる。つまるところ「利益」に至る中身が重要で、単なる多寡だけの問題ではない。それは戦略に関わる問題と短期・長期で見るかの視点、どちらに重点を置くかといった視点の置きどころで決まる。いずれにせよ、投資と利益のバランスというのは経営者にとってとても悩ましい問題であることはまちがいない。

11 実印を押すつもりで値段をつけよ

「商品の値付けについてよく『実印を押すようなつもりで値段をつけよ』といわれる。値づけとは、そのように真剣勝負であるべきものだ。ひとつの商品にはひとつの価格しかないのである。いい換えれば、商品にはその価値にふさわしいと絶対に自信をもてる価格をつけるべきであり、本来はそれ以上に値下げして売ったり、ふっかけて高く売るべきものではない」

（『大黒柱に車をつけよ』）

昔、店長になりたてのころ、私の店に社長である岡田が巡回してきた。売上は好調で、特別の指摘はなかったが、食品売場の横に「花」のコーナーがあり、そこに岡田は目を付けた。

岡田から「この売場はよく売れているのか？」と問われ、「よく売れています」と言うと「直営か？」と聞くので「いやコンセです」と答えた。

岡田は、「コンセて何や？」と言うので「業務委託です」と答えると「なんや日本語に替えただけやんか」と。

「価格決定権はどちらがもっているんか？」と聞くので、正直に「向こうです」と答えると、怖い顔で「あほか、君は」と叱られた。

そのときはわからなかったが、「ああ、経営者というのはこういう本質的なことを言うのか」と感心した記憶がある。

小売業の歴史は、価格にまつわる主導権争いの歴史でもあった。小売業全体の売上よりも「卸売り」の売上総額が大きかった時代、メーカーが価格に対する主導権をもっていた時代もあった。

さらに遡れば、お客様との間では、より高く売るのが商売のコツ、価格は交渉次第でいかようにもなる時代もあった。それ自体が、商人の地位を低くしているという思いもあり、そういったことに反発して、岡田は、正札販売をしてきた。

そういった過去、価格にまつわる主導権争いの連続の果てに、製造から小売りへと移ってきた時代を生き抜いてきたのである。だから岡田は価格にとても敏感である。「値札に自分のハンコを押せ」と、岡田屋時代には実際によく言っていた。自分が責任をもって価格を決めたのか、と戒めたのである。

価格の三要素は、①コストに利益を乗せて、②需要重視（値ごろ感）、③競争重視からなるが、何といっても、買うか買わないかの決定権は一〇〇％お客様がもっている。岡田はコンセやラックジョバー、簡単に言うと、売場貸しは商人理念として取り入れない。単なる売上高を上げるために業者を入れ、それを売上に入れるなど邪道と考えている。〝家賃〟として頂戴すべきであると考えている。

なので、当然、その延長にある「業務委託」、「手数料商売」、「下請け」、取引先からの「販促協力金やリベート」、自社のためにある「機能会社」を思想的に受け入れない。

価格はお客様にとって重要な購入の要素である。魅力である。お客様と直接接する小売業、いや従業員が一番知っていなければならないし、小売業こそが価格決定権をもっているのだという自負がある。

岡田屋の家訓にある、お客様の利益が優先する「上げに儲けるな、下げに儲けよ」は、ここでも岡田の哲学として今日まで生きているのである。

12

規模の経済・不経済

「小さな企業をあなどってはならない。大企業ほど危ないと心得るべきである」

岡田が志向した小売業の近代化は、規模の経済の追求でもある。小売業の規模は零細で、体質は脆弱、店主の社会機関としての認識は薄く駆け引きに終始して、お客様におもねり、ただひたすらに頭を低くして前掛けの前でもみ手をする。

岡田が、少年期から青年期にかけて見てきた小売業界はそうであった。

それではいかんと近代化をすすめる岡田であったが、アメリカ視察で自分の取り組みが間違いでなかったことを確信したのである。

アメリカの大企業イコール小売業だったことは以前にも述べた。高度成長期の消費者の旺盛な消費志向は、メーカーによる画一的な大量生産を可能にし、その受け皿となるチェーンストアはその役割を果たした。単なるメーカーの受け皿ではなく、販売量を武器にメーカーへの生産委託やメーカー品の販売価格の決定権を小売業が握るまでにもなった。もちろん仕入価格も下げることができる。

この販売価格をめぐっては当時の松下電器とダイエーが約三〇年にわたる戦争を起こした。それほど、販売量の増大とは武器となることを如実に表した出来事である。

この規模の経済はメーカー、小売業の双方にとってメリットは大きい。コストの中でも固定費の比率低減がはかれるからである。そして単位当たりの価格は低くなり、薄利多売戦略がより一層はかられることになり、規模の拡大は競争の武器となる。


一方、規模の経済は不経済の要素ももっている。規模が大きくなることのデメリットが起きるのである。

岡田は規模の経済効果のメリットは充分享受しつつ、そのデメリットを縮減すべき行動をもとっている。たとえば、本社、本部、あるいは事務所、そして設備や人員の多さ、建物の立派さなどはお客様にとって、あるいは売上や利益にとってなんら関係がない。そのため、口ぐせのように「本社はいらん」、「こんな立派な本部はいらん」、「間接人員が多すぎる」など巡回時によく指摘した。

事実、当初の岡田屋の本社・本部は移転後空いた「新道店」であり、歩くと二階の床がギシギシするボロ屋であった。

また、画一化を嫌い、どの店でも同じものを置いていると、その地域の特産物・行事などと考えあわせ、「なぜこの商品を置かない！」という。「商品部の指示です」などと言おうものなら、「君がこの地域におけるジャスコの代表者やろ」と厳しい叱責を受ける。

つまり、チェーンストアの画一化と地域性（個店のニーズ）の調和を意識しているのである。

組織運営上でも規模の不経済は起きる。規模が大きくなるにつれて、社内の風通しが悪くなり、部分最適が優先され共通の目的が希薄になる。また、事前根回しや規則手続きが優先されることで組織としての機敏さは失われる。いわゆる官僚化がはじまり保守化して一般にいう大組織病にかかる。

ジャスコの連邦制経営の運営技術は、地域を大切にするといった理念の実現であり、他社にはないジャスコ独自の強みであった。イオンの歴史は規模の経済と不経済の調和、分権と集中の歴史であったともいえる。

時代は変わり、お客様の嗜好やライフスタイルも多様化していく中で、今までのGMS（総合スーパー）は苦戦を強いられている。所得の変化も多層化が進行していわゆる大衆といわれる中間層がなくなり、年齢構成も少子高齢化が急速に進行して、旺盛な消費者であったベビーブーム世代も現役から離れてきている。

消費は一段と冷えている現在は、さらに規模の経済一筋ではいかなくなってきた。

岡田は、「イオン環境財団」を通じて、イオンの店頭で声をかけたお客様とともに、日本だけではなく、世界各地で植樹をしている。そのことについて次のように述べている。

> 地域の大勢のお客さまと店とが一緒になって、社会貢献活動が具体的に行われていく。
> しかもこれが、毎年毎年、続けられていく。
> その積み重ねが、社会貢献活動を主催する小売業、サービス業に対して、無形の価値を与えてくれる。
> こうして出来上がった無形の価値こそが、店と、企業を永続していくための基礎（いしずえ）となるのだ。
>
> （『岡田卓也の十章』）

規模の経済の向こう側にあるお客様と店とのあり方を見据えているのかもしれない。

第7章

「先駆者」岡田卓也

1 保守主義を排除する「ゆさぶり」

「チャレンジしていることは何や?」

岡田卓也が腐心した最大のものは、保守主義の排除であった。そして保守主義になることを一番恐れた。

千葉・幕張の本社が完成したときに、当時の社長・二木英徳氏に向かって「私の一番の失敗はこの本社をつくったことかもしれんな」と言ったという。

昔から本社を新築すると潰れるというジンクスもある。立派な本社に勤める社員は、会社が立派になり、自分も立派になったと勘違いをするからである。お客様（消費者）にとって本社がどうであろうと何ら関係ないにもかかわらず。

保守とは停滞であり、現状に甘んじることであり、安住することである。

人間は本来未知のものに対して、変化に対して、それを避けようとする傾向があることも事実である。しかし、未知が知識を得ることによって既知になり、変化することによって今よりも好ましい状態になることが理解できれば、人はそれを受け入れようとする。

企業における経営者の役割はそこにある。

岡田屋時代、男子の採用基準は、能力は当然として転勤できることが条件であった。したがって、地元の人間よりも全国からの人を採用した。また、長男は採らなかった。将来家を継ぐ必要性が出るからである。

そして、入社後は必要に応じて、転勤、職種替えを頻繁に行った。止まれば淀む、淀めば腐るからである。

人間一度得たものはなかなか手放さない。仕事も会社基準を都合のよい自分基準に置き換えてしまう。結果として馬齢をかさねただけの自称「専門家・スペシャリスト」があぐらをかくことになる。

会社が大きくなるにつれ、「保守主義」は増殖のスピードを増す。

いわゆる大企業病になり、個人も組織も劣化の一途をたどることになる。挑戦意欲に欠ける社員が増え、「今だけ・自分だけ・ここだけ」の自己保身で、部分最適となり全体を見る眼が失われ、長期的思考が欠如してしまう。寄らば大樹の陰社員が増殖する。

また、権限だけが強く責任をとらないスタッフが増え、調整役の幹部も増える。

なんといっても慣れが怖い。赤字慣れ、売上不振慣れ、同じ取引先慣れ、同じ仕事慣れとなり、思考停止状態で、会社に出来ることを探しに来るより、出来ない理由を並び立てに来るようになる。

岡田はそういった保守主義に陥らないために、特に本社・本部社員には厳しく接した。

社員に向かって、「君、何年この仕事やってるんや」とよく問いかける。幹部に向かっては人が多いといつも指摘・警鐘を鳴らした。意識的な「ゆさぶり」である。

日常の現場指導でも同様であった。あえて、組織集団のコンフリクトが起きるように仕向けた。

たとえば、店長には「商品部の言うことは聞かんでよい」と言い、商品部に行ったときには「店の言うことは聞かんでよい」と言うなど、本社と本部間、部門間でも同様のことをした。

とにかく、よくゆさぶった。

革新を推進する者、革新を阻む者、いずれも人である。

2

人よりタヌキの多いところに店をつくれ

「繁閑差の大きいところほど立地が若い。『立地が若い』ということは、短期的に見れば、一週間のうち、土日の二日間しか儲からないわけですが、中期的に見ればそうとも言えない。今ものすごく儲かっているところが永久に儲かるか、といえば、五年先には危ないですよ」

(『トップが語る21世紀の経営戦略』西村晃との共著)

商売で一番怖いのは、「飽きられる」ことである。これは会社であっても同じことで、要は魅力がないということである。

岡田屋の歴史は常に、進取・オリジナリティの連続であった。ショーウィンドウをつくり、座売りから立ち売りへ、正札販売、疑似百貨店から総合スーパーへなど挙げればきりがない。

早くから株式会社に法人化し、電話の設置も早く、とにかく、世間の眼をひく存在であった。いわゆる「新もの食い」のDNAをもつ。

あるとき、同業U社の社長（子飼い）の講演を聞くことがあった。その方曰く「わが社の方針は、イオンさんやイトーヨーカドーさんの実験・新商品導入などの結果を見てそれを取り入れていく、手堅い経営をやっていくつもりであります」という。

この会社はダメになると予感したことがあった。会社のトップがそのようなことを語り、従業員や取引先、その他のステークホルダーがついていくと本当に思っているのか。冗談かと思ったほどだ。

「手堅く」とか「時期早尚」という言葉は言い訳にすぎない。

上策とは、凡庸な、使い古された、常識的な、二番煎じのお茶のような案ではなく、「お客様にとって何が必要か」を問い続けることである。それが商売の基本である。

例を挙げれば、店舗立地について、岡田は独特の眼をもっている。よく「人よりキツネやタヌキの数が多いところに店をつくれ」、「主要道路・高速道路の交叉しているところに店を出せ」と開発部員に指示をした。田んぼや畑の真ん中、都市のはずれ（サバーブ）に、SC（商業集積）として出店した。いわゆる、立地創造である。他社とは全く異なる独自戦略である。

岡田屋には、経済性よりも優位性、インパクト、先進性、独自性を尊ぶもともとの風土がある。

『岡田卓也の十章』の冒頭に、「建物は多いが店はない」、「店になっていない店」が多すぎると岡田は掲げた。言葉を勝手に続ければ、店はあってもそれは売場ではなく置き場であり、製品はあっても商品ではない、作業員はいても販売員はいないとなる。店から優位性、インパクト、先進性、独自性、さらに親切心と工夫をなくしたらそれはもう店ではない。どこでもあるごく普通の建物である。

商品であればラベルだけを変えたようなPB商品はいらない。メーカー品と何が違うのかの「いわれ」を付けることがオリジナリティ、独自性である。

商人たるもの「売れる予感商品」を探して先手をとるぐらいのリスクテイクが必要である。真に「時期早尚」といわれる商品を全社で丁寧に育てていくのだ。育成商品事業と他とを混同してはならない。

余談だが、パラミタミュージアムの西に片岡温泉があったが、若い経営者はそれを「アクアイグニス」に替え、さらに、商業・レジャー一体型の「VISON」を三重の田舎、多気町につくった。この若い経営者は新しい「ブランド」を創造したのである。

オリジナリティ・進取・革新は、商品、立地、店舗、人事、財務、店舗開発、新事業いずれの分野でも行えることであり、怠ればなる普通のどこでもある会社になり果てる。

岡田は、『大黒柱に車をつけよ』で次のように言っている。

人より先にいく方法としては、あまり他人がやっていないことをやる、あるいはやり方を変える、他人のやめてしまったものでも続ける、などがある。

戦略は常に先鋭で、鋭角で、傾斜的であるべきである。

3 最大のリスクマネジメントは復元力

「人間も、事業も、経済も、上がって上がって、有頂天になったときが一番危険だ。上がったものは必ず下がる。下がったものは必ず上がる」

（『岡田卓也の十章』）

経営活動によって生じるさまざまな危険を最小の費用で最小限に抑えようとするのがマネジメントである。活動には当然リスクがともなう。リスクのないところに利益もない。

したがって、常日ごろからリスクの想定と対策を考え周知しておかねばならない。想定外は理由にならない。その対処の仕方によっては二重遭難になり、ずるずる長引き、起きたこと以上に経営に損傷を及ぼすなど、より解決が困難になることが多い。

発生するリスクには天災・事故・事件・法令違反・労災・社会的モラル・不正などがある。天災の一部を除いてすべて予兆がある。いわゆるインシデントである。それに気づかない管理者の知識不足、責任回避、マネジメント能力の欠如が遠因となる場合が多い。

大きな事故といえば、ジャスコにもある。一九九〇（平成二）年に開催された大阪「花博」でウォーターライドを運営することになった。しかしブレーキの故障で玉突き事故が発生し、二四人の重軽症者を出した。多くの方にご迷惑をかけ、会社の無形・有形の損失は大変なものであった。

当時世間はバブル景気に踊らされ、浮かれていた。ジャスコ社内にもエンターテインメントを軸にした総合生活産業を目指そうとする雰囲気があったものの、そんなことをもち出す者もいなくなったという。

岡田はこの事故を契機に浮かれた自分と会社のバブル志向に冷水をかけた。結果としてジャスコはバブルに染まらず、ダメージを負わなかった。

かといって、リスクマネジメントが行き過ぎると、委縮して何も新しいことをしないことがよいという前例主義に陥る。それでは発展がない。

経営は未知への意思決定である、リスクがあるといって臆してはいけない。また、単なる蛮勇でもいけない。

競争は他社との戦いではなく、実は自社の体力充実の競争である。自社の経営体力を充分見極めたうえでないと、「回帰不能点」を超える判断をすることになる。岡田の未練のない早い「見切り」は挑戦と見切り項で述べた。

また、日常の出来事に対しても、注意深く対処しなければ、後に不祥事を起こす重大なリスクとなって返ってくる場合もある。誰に何を任せるかも大げさにいえばリスクをともなう。今日の意思決定の担保は将来それを成し遂げてくれるであろう人材の質と量にかかっている。だから、岡田や小嶋千鶴子が岡田屋時代もジャスコ時代も限りなく人材育成に注力してきたのである。

過去、衰退して世間から退場を余儀なくされた企業のほとんどは、リスクを負ったときに立ち上がる、いやそれを契機に別のものを立ち上げる人材がいなかったことに尽きる。組織風土・人事施策・社内の士気・幹部管理者の行動・職場の雰囲気など、細かい兆候がある。それを見逃すことなく、敏感に対処し、復元力を発揮する人材が必要なのである。

一方、経営は出来る限りコントロール不可能領域をつくらないことが大切である。コントロール不可能領域はリスク発生源となりやすい。のびきった兵站《へいたん》、国際化によるスパンオブコントロール、外部委託によるノウハウの空洞化、悪しき結果主義によるノルマ、粉飾・改竄・隠蔽・忖度・見ざる・言わざる・聞かざるなどなど。これらはいつかどこかでリスクが発生する可能性を秘めている。そして、コントロール不可能なゆえ、起きたそのときには対処不能、修復不能となる。心すべき課題である。

塩野七生氏いわく「危機とは常にネガティブな現象ではない。（中略）ローマの長い歴史とてすべてが良い調子で進行したから興隆し、その後はすべてが悪くなって進んだから衰退したのではない。ローマ人とは、紀元前七五三年の建国以来、幾度となく襲ってきた危機を克服していくうちに興隆を果たした民族なのである」と『ローマ人の物語』に記している。経営にも役立つ言葉である。

4

ジャスコを潰せ

「本当に新しく生まれ変わろうとするなら、長年培ってきたこれまでのイメージは、マイナスにはなっても決してプラスには働かない」

（『再び「大黒柱に車をつける」とき』）

何を捨て何を新しく創るか、スクラップ&ビルドとは革新そのものである。過去の歴史を見ても、産業構造の変化による衰退と興隆、技術革新による衰退と興隆、グローバル化による衰退と興隆等挙げればきりがない。

かつて、興隆を極めた繊維産業の多くは今や医療機器メーカーに、日清紡は産業機器・自動車部品メーカーに、東レは総合化学メーカーに転身している。富士フイルムはカメラのデジタル化によりフィルムを捨て、今やメディカル産業となっている。

イオンの歴史もこのスクラップ&ビルドの歴史であるといっても過言ではない。岡田は捨てることに勇敢である。喜々として「やめる」という。そのほうが社員にとってインパクトがある。「なぜ」とある種の危機意識をもつからである。偉大なデストロイヤーであると思う。

岡田は、実に多くの店を潰した。そして多くの店をつくった。多くの事業（会社）を潰した、そして多くの事業を興した。これが他社にないイオンの特徴である。

「つくるより捨てるほうが難しい」と岡田は言う。「損切り」、「サンクコスト（埋没費用）」になるからである。今まで投資した費用や労力が取り返せなくなるからである。当面の売上が減少する。だからほとんどの人が迷う。負けたお金を取り返そうと、さらに賭けを続けるギャンブラーに似ている。早い見切りが必要なのである。

これは経営のトップにしか出来ない専権事項である。

岡田は、ジャスコ設立一五年くらいのときから「ジャスコの寿命」を意識しはじめ、スクラップを考えている。


絶えず、社内に危機感を持たせ、絶えず革新していかなければ、企業は30年経つと必ずおかしくなるからだ。

だから、わたしは、そうなる前に、会社に大きな改革を促すために、常に「変化」を選択し続けてきたのだ。


（『岡田卓也の十章』）

そうして、岡田は、七五という年齢で、自らが創業者としてやってきた会社を離れていく。岡田にとっては、会社という公器に対して、自分を含めた経営者自体をも、スクラップ&ビルドすべき存在として見ているのだろう。

とはいえ、一挙にスクラップ&ビルドは不可能である。

今までの蓄積したノウハウ、シーズとでもいおうか。たとえば専門化と多角化は二択する問題ではない。バランスの問題である。人材の育成も、同様だ。

それまで積み重ねた固有のノウハウは何か、そして誰がそれをもっているのか、足元にあって気が付かないことがありはしないか、そういったところから次なるシーズが必要なのである。

5 他のチカラを借りる力学——レバレッジ効果

「弱者の戦略を考えることも大切である」

今までの企業は自ら新しいことを始めるか、すでにあるものを買収するか、いずれかの手段によって成長してきた。

しかし、今日、企業はあらゆる種類の提携関係、協力関係、協業関係によって成長している。そのことを理解している人は少ない。これまでのように、自分で直接資源を所有しないと気が済まない経営者が多いことも事実である。

商人の家系で育った岡田は早くからこのことを身に染みて知っていた感がある。そもそも商人はものを所有することを嫌い、活用・利用することに重点を置くのが本質である。

たとえば、店。店はお客様のために存在し、自分のためではないとする哲学をもつ。レバレッジ効果とは、他人資本を使うことで自己資本に対する利益率を高めることをいう。いわゆる〝てこの原理〟である。たとえば、「のれん」を借りる行為。これは昔からある。つまり信用を借りるのである。

岡田屋時代、東海地区でグンゼ商品を売る第一位は岡田屋であった。そこで、当時のトップブランドであったグンゼと組み、「オカダヤグンゼ」というダブルチョップ商品をつくった。これもメーカーの信用を借りたことになる。

また、ジャスコ設立から間もないときに、三菱商事と合弁でＳＣ開発会社をつくった。これも同様である。

また、店舗開発では固定投資を抑えるため、テナントから建設協力金をいただき投資を少なくした（今はしていない）。

ジャスコはダイエーをはじめとする他社と異なり、土地建物を自ら所有せず賃借した。所有するか賃借するか、いずれにしてもお客様にとっても、売上にも関係ない。つまり経営体を身軽にしたのである。

回転差資金も一種のレバレッジである。商品回転日数と支払いサイト期間の差から生まれる資金余裕である。岡田は若いころアメリカ視察の際に一緒だった長崎屋の創業者岩田孝八氏から、このことを教わった。

合併は、本来このレバレッジ効果が出ないならしないほうがよい。単なる規模の拡大だけではメリットは少ない。むしろ経営数値に出ない含み資産「人材の質」、「伸びしろ」に着目すべきである。

また、岡田は「チラシをやめろ、パブリシティに力を入れろ」と言ったことがある。パブリシティのほうが信頼度、効果は高く、そして費用はゼロである。費用対効果、コストパフォーマンスを考えるのが企業の仕事である。役所は違い、予算獲得と消化に腐心する。

これからのことを考えれば、自力のみの成長はありえない。どこと協力関係を結ぶか、どこに仕事を委託するかが大きなカギとなる。

外部に委託する場合には、その職種で最も優れた人や企業に委託しなければならない。それは単なるコスト削減のためのものであってはならない。下請けでもない、まして、支配関係でもない。新しい提携関係・協力関係・支援関係との理解と構築がのぞまれるのである。それであって初めてレバレッジ効果を発揮する。

岡田はその眼識も人一倍もっており、それを最大限活用した。

6

「資産の回転」と「増殖活動」

「小売業倒産のほとんどが在庫過多である」

経営の本質は元手をもって財とサービスに転換し、お客様からその対価を頂戴する活動である。業種業界を問わず、経営とはつまり「商売」なのである。

活動のよしあしを見るための指標が経営数値である。つまりインジケーターである。人間の体でいえば、健康診断・血液検査に似ている。

経営が初期の段階では重要数値は収支である、家計簿に似ている。資金ショートが一番怖い。今でいうキャッシュフロー計算書となる。次の段階では、儲かっているかどうかを見る、損益計算書(PL)である。経営体として大きくなれば、貸借対照表(BS)が重要になってくる。つまりどこから資金を調達し、どこに投資・運用したかを見る指標である。

岡田屋は早くからこの財務諸表的なものを整備し、複式簿記を採用していた。その伝統もあってのことか岡田は「会社の数字は常に貸借対照表を見よ。PLだけではダメだ」と言っていた。投資対収益を重視していたのである。

特に小売業は売上が最も重要である。お客様の行動は売上に表れる。売上とはお客様の支持を表すものであるからである。

資産の回転の中でも最も重要なのは「棚卸資産」の回転、商品の回転である。商品の回転は消費頻度、買い物頻度によって変わるが、早いほうがよいのは当然である。小嶋はその著書『あしあと』が再版する際に最後に次のように付け加えている。

危険は絶えず繰返す。徴候は先づ在庫の過剰に現れる。利益が商品にあるのではなく、利益は回転の速度によって決まるのである。回転の速度は、お客様の心をよく読むことによって維持される。簡単なことが一番むつかしくそして努力の要ることなのである。

資産の回転のうち商売の運用効率を見る指標が商品回転（率・日数）である。お客様の動きに直結した指標であるから特に重要なのである。

第4章で述べた「はやしや百貨店」の経営再建の重要要因は、商品回転が大幅に改善したことによるものであった。

岡田も小嶋も商品在庫のもち方にうるさい。交差比率＝粗利益率×商品回転率で貢献度を見ようとする。値入率、粗利益率は未実現の数値である。売れて、回転して、初めて実現するのである。

一方、経営活動は「増殖活動」にほかならない。低い予算を達成するよりも、昨年よりいくら伸びたか、伸びなかったのかの指標のほうが重要である。予算比ではなく、昨対比なのである。売上を分子にして回転を見、売上を分母にして効率を見る。すべてサイエンスなのである。

ジャスコは、売場で必要なマーケティングとマネジメントの知識、売場の計数管理を「商業基礎講座」で徹底して教えた。そのことはお客様と経営を知ることにほかならないからである。

7 手入れの思想——草花を育てるごとく

「人材は建物や機械のように、情勢が変わったら、すぐ別のものに入れ替えるというわけにはいかない。かなりの期間をかけて必要な人材を育成していくのだから、二〇年、三〇年先にどのような人材が必要になるかをよく見極めて、採用なり、教育なり、異動を考えよ」

(『再び「大黒柱に車をつける」とき』)

岡田も小嶋も、ともに植物が好きである。

これは後年知ったことであるが、幼いころから岡田は植物を育てるのが趣味だったという。母方の祖父が農林技師であったことが影響しているのかもしれない。祖父とともに、鍬をふるい、種をまき、大根やトマトを収穫したり、池を掘り水を引き入れ、つつじやシダの植え込みをつくったという。

また、小学校の修学旅行で行った金閣寺の様子に魅せられ、楼閣の床柱が南天の木だと知ると、その床柱を夢見て、庭に南天の木を植えたという。

植物を育てる手間も喜びも知っているのだろう。

手入れの思想とは経営活動でいえば、「マネジメント」である。マネジメントとは人に関わることである。

会社の成果＝個人能力×組織能力にほかならない。しかし、個人も組織も経年・規模拡大によって劣化する宿命をもつ。組織が劣化するということは、顧客と現場の声を吸い上げるチカラが劣化するということである。それによって、社会との乖離、顧客との乖離、現場との乖離を生む習性をもっている。手を入れなければ、やがてその組織は枯れてしまう。

岡田屋、ジャスコ時代において、小嶋の人事教育の目的は、会社の成長と個人の成長との統合であった。つまり、人も会社もともに発展成長すべきという考え方であった。

企業内教育は「農業的育成」、つまり、育てるということである。土壌づくり、種の選別、施肥、萌芽、芽つみ、間引き、植え替え、消毒、草取り、剪定等、たくさんの世話をして育成していくのである。

また、「建築的な施策」も必要となる。強固にするための「ぬき」、「カスガイ」、「火打ち」、「金具類の使用」等構造的・技術的に補強して初めて機能する。

そして教育は、仕事をスムーズにはかどらせるワーカビリティ、個人と組織を強くする強化剤の機能をもつ。

教育のありがたさは、人々に可能性を広げ、希望をもたせることである。さらに、身についたものは終生失わない宝となる。

岡田も小嶋も、「教育は最大の福祉である」という方針をもって施策した。私が人事を担当していた当時「ジャスコの人事は一流、○○は二流」と同業から揶揄されたものだが、草花を育てるごとく、人に手をかけてきたからこそ、今もイオンは存在している。

対して大抵の企業の実態は教育皆無の「耕作放棄地」になり、同じ仕事をいつまでも与え「連作障害」を起こし、排水と用水を設けず「沼地化」している。

考えるチカラをなくした職場ほど悲惨なものはない。単なる労働と賃金の交換場所である。

よく訓練された従業員の言動ほどお客様から見て気持ちのいいものはない。加えて、この会社はよき経営者がいるのだなあとして、さらに信頼感が増すものである。

今でも、伸びる企業と伸びない企業の決定的な差は「企業内教育」の有無である。活力ある企業は、与えられた仕事よりも、さらに大きな仕事を引き受けようとする上位志向の社員の存在がある。係長が部長の仕事をするから成長があり、部長が係長ほどの仕事しかしなかったならば、衰退しか道はない。

一方、組織能力を向上させるには、組織に正しい精神を吹き込むことが重要である。腐った組織によい芽は吹かないし育たない。清潔を好み、自由と規律、共通の価値観、経営と現場の距離を縮め、新しいことに挑戦する企業家精神の涵養こそが大切である。社内出世競争や短期の成果産出競争に明け暮れ、内向きな消耗戦争に終始していたのでは、部下育成に眼がいくはずはない。組織においてリーダーの存在は想像するよりもはるかに大きい。

草木を愛でるがごとく、愛情をもって時間をかけ、手をかけ育てていかなければ、すぐに枯れてしまうのが人と組織なのである。

8

究極の手段は人事に表れる

「有能な人物から見限られるのは経営者に問題があることも多い」

マネジメントの究極の手段は人事に表れる。

人事は本来、事前に示された評価項目とそれによって結果を公平に行われるべきものである。

しかし、口では公正・公平と言いながら、身内や仲間、使いやすい人を優遇して、適正な配置や昇進などをしない経営者や管理者は多い。

こうした人事の結果、経営者や管理者の本性（能力、性格、価値観、仕事への真摯さ）などはすぐさま従業員に見透かされてしまう。

一方、従業員たちは、他の人がどのように処遇されたかによって、自分の立ち位置、言動を決める。よって、仕事の結果などあわのごとく消え去る。

そして、やがてその組織は衰退の一途をたどるのである。

職能を司るセクションとしての人事と、経営者や管理者が有する人事機能とは別に考えねばならない。岡田屋やジャスコの特長として人事セクションは強かった。ラインに人事を委ねながら、横串で、その運用を見ていかないと、前述のようなことが起こりうる。

その点、岡田がいかに優秀な経営者であるとしても、やはり一人ではいかんともしがたいところがあったのだろう。

小嶋が去った以後の人事は残念ながら低きに流れた。

毎年推薦による昇格者が政策発表会の席で壇上に上がるのだが、各社、各部から競って昇格者を出した。その結果壇上からあふれるぐらいの人数だった。

また、業績を上げたからといって、毎年昇格する者も現れた。現場が一番人を見ているからといって現場に委ねると、このようになるという典型的な例である。

そして、毎年昇格したその人物は二年後に辞めていった。辞めた後不正が発覚した。

また、人事異動でも新しく任用される人には注力するが、転出・降壇する人には特別の配慮もなく、不要の者として次の配置にはいわゆる左遷扱いをする。人は任用される人を見るのはもちろんであるが、降壇する人の行く末を見て、そこに自分を重ね、今後の態度を決める。前述のとおりである。

小嶋は厳しい反面、「左遷」的人事異動は行わなかった。また、期待だけの人事も行わなかった。あくまで適材適所を可能な限り尽くした。これが人事を扱う者の倫理・責任・矜持である。

人事制度は、それ自体の巧拙もあるが、それを行う担当者の運用能力に大きく左右される。人事に携わる者の役目として、嫌われることを承知で引き受けねばならない。いい子でいれば、悪いことが起きればすべてトップが悪いということになりかねず、それでは困るのである。

人を峻別する眼ももたねばならない。忠誠者の顔をした組織破壊者もいる。正義をふりまわす本来的な不満者もいる。能力が高くて虚構性の高い人もいる。このように腐った幹部、保守的な人をトップのまわりや組織の中枢に据えてはならない。腐ったリンゴは早く取り除く必要がある。悪貨は良貨を駆逐するのである。

つまり、ある種の覚悟と人を見抜くセンスがいるのである。

小嶋は制度づくりや教育訓練などを外部機関に委託することは絶対にしなかった。コストや効率の問題ではなく、ノウハウが蓄積していかないからである。ノウハウとは努力の集積である。

人事をとりまくHR業界は、昨今目覚ましく変化している。流行するキーワードを用いて営業を掛ける。餌になってはいけない。丸投げは、商品の仕入れを外部の誰かに委託するようなものである。

組織に活力をもたらすためには、早い段階で能力のある若者を発見するシステムをつくらなければならない。上司は今日の仕事に忙殺され、なかなか資質を見抜けないし、二流三流の人物は一流の人物を見抜けないものである。

そして、平凡な資質の持ち主は、本能的に、自分より優れた資質の持ち主を避ける。自分に無い才能や資質を迎え入れることで、自分自身の立場を強化するなどという思考は平凡な人には無縁である。このような組織では能力ある若者は二、三年でその会社に見切りをつける。

小嶋人事時代のジャスコは、論文コンテスト、各種のコンクール、改善提案制度、QC活動、登用試験で優秀な人の特別面接など多くの機会をとらえて人材発見に努めた。これらは上司のフィルターを通さない、いわゆるバイパスである。人事の仕事はとにかく手間ひまを要する仕事で、人事総務などといって全く別の職能を一緒にすること自体、人事機能を放棄していることにほかならない。

人事能力が落ちても短期ではそれほど影響が出ない。しかし長期的に見た場合には、組織風土は腐敗・劣化してもう取り返しがつかない状態となる。復元には一〇年単位の時間を要することになる。

人に関わることは長期的視野とその成長に要する時間に耐える忍耐が必要なのである。

人事を甘く見てはならない。

9 組織で褒め、個人を叱る

「驕りがすべての大病のもとである」

「社長とて人間やから間違いがある。よいと思ってやったことがマイナスを生むことがある。それをよく見ていてその間違いを早いうちに正すのが人事の役目や」と小嶋は一部の人事担当に言ったことがある。姉だから言えることなのか、確かに一般的に通用するがなかなか難しいことではある。

ジャスコ設立間もないころ、岡田の眼にとまった人たちがいた。岡田屋にはいなかった人物である。よくいえば起業家タイプ、悪く表現すれば単なる倫理観に乏しい野生タイプである。

一見見分けがつかないが、共通していたのは成績を上げていたということ。業績を上げるからその上司も社長も会議等で褒め称えた。そのうちの二人は増長し傍若無人に拍車をかけた。誰もが見て見ぬふりをして、ノーコントロール状態となって、結果的に道を外し去っていった。

さらに深刻なのは、成績を上げるべく自分の部下を巻き込んで、不正を働く者である。先の二人は個人の暴走であったが、後者は組織的、計画的な犯行に及び、それが露呈した。真っすぐな好青年であった人物が巻き込まれ、もはやとても組織で働く人間の姿ではなく、一種のアウトローになり果てていた。

褒めることは大変難しい。結果だけを見て褒めると往々にしてこういうことが起きる。マネジメントが行き届き、規律をもった社員であれば、褒めてもそういうことは起きないが、単なる放置された人物には要注意である。考えさせる事案であった。

もう一つの例を挙げよう。業績を上げた幹部を表彰する制度があった。その中でも特に著しく成績を上げた幹部（関連会社の社長など）には「経営大賞」として表彰した。そのこと自体はよい制度であるが、単年度の業績を基準にしているため、表彰された次の年度以降の業績が著しく落ちることが発生した。

表彰という餌に無理をするのである。また、表彰された人物は傲慢になり有頂天になる。そこの従業員は成績を上げたプロセス、日ごろの言動を見ているから冷めてしまう。表彰の意義・目的・効果が台無しになってしまう。

結果、数年でその制度はなくなった。予定された報酬はインセンティブにならない「アンダーマイニング効果」の象徴的な例である。

同様のことは関連会社の社長等、上位職への任用でも起きる。大きな組織で幹部職にあった者が社長になった途端、変貌する。管理者から支配者、王様になり、謙虚であった人が傲慢になり、他者と自分の姿が見えなくなるのである。他者を見下し自己肥大を起こす。人間の性といってしまえばそれまでだが、組織を腐らす大きな要因である。

よかれと思ったことが、反対の作用を生む。

小売業では特に個人を褒めることは難しい。一人のスーパーマンよりも集団のチカラをどう引き出すかに重点を置く必要がある。褒める場合、組織単位で褒めるほうが効果は大きい。

一方、叱るときには「特定の個人」を対象に、決して人前で叱らないことである。

人前での叱責は自尊心を傷つけ恨みを買うだけで何ら効果はない。

岡田も小嶋も叱り方に余地を残す。叱りながら多少の褒め、諭《さとし》を入れる。「君としたことがどうしたんや」、「今度は気をつけることやな」と。

蛇足ながら、叱りもせず、褒めもせず、そんな無機質な会社が一番怖い。

褒めて伸ばす、叱って伸ばす、それは人間理解の為せる業である。

10

人間への真摯な関心と理解

「どんな人間でも一つは得手をもっている。そこに光を当てれば思いがけない能力を発揮することがある。それはやらせてみないとわからない」

岡田も小嶋も人間好きである。好むタイプの人間は、全く正反対であるが、共通点は、深い深いところに「愛情」をもっているということだ。創業とは「人材」であることを、身をもって体験している。その人材も自分で探し、説得し、長い時間をかけて育成してきたのである。小嶋はそれに要する時間は「投資」だと『あしあと』で述べているぐらいだ。

会社は機能集団として仕事をする場であるとともに、働く構成員の共同体でもある。岡田も小嶋も、手だけを欲しいわけではなく、生身の複雑な人間をまるごと社会から預かっているという考えをもっている。「雇ってやっている」、「雇っている」という言葉を聞いたことがない。

「企業はそこに働く人間の力の〝総和〟である以上、一人ひとりの能力を高め、そして老後の不安を少しでも取り除き、フルに力が発揮できるような環境をつくることが必要なのである」といった信念のもと、国の厚生年金に加え、ジャスコ厚生年金、それに第三の年金として「青い鳥基金」といったものを創設している。

それによって、働く構成員たちが、老後も不安なく生活できるようにするためである。

活力がある組織とは、①上司と部下のフランクな関係、②部下の成長に責任をもつ、③冗談が飛び交う職場、④仲間意識とインフォーマルな規律の重視、⑤仕事はきついが楽しんでいる、⑥成長予感がある、⑦トップに対する信頼、というように、自由と規律、仕事と遊びが融合しているものである。

まさに、私自身が経験してきた岡田屋そのものである。

仕事は、人生における成長に大きく関わりがあるから重要な意味をもっている。成長には腕前を上げる技術技能的成長と、それを達成していく過程で得られる精神的な成長がある。

腕前を上げることは生活を支える基盤となる。精神的な成長は自信となり、次のステップにチャレンジする原動力となる。よき循環を生み、未成熟から成熟した人間に変わっていくのである。

積極的、自主独立、多元的な行動、深い強い関心、長期的視野、上位志向、自意識と自己統制、いずれも成熟した人に見られる傾向である。

だから職場は単なる賃金と労働の交換場所ではないのである。

人は集団の動物である。

協働の中で育つ。

過去の例を見ても、それまでバリバリと仕事をしていた人がある時を契機に、風船の空気が抜けたように萎んでしまうことがある。

有能な人が、長期間にわたり、遠隔地の海外や全く異なった職場に一人で赴任(出向)

した結果、成長は止まり、働く意欲も失せてしまうのである。果ては道を外し不正・不信義な行為で職場を去っていく者もいる。

共通しているのは「見捨てられた」、「取り残された」、「おいてけぼり」にされたと本人が感じていることにあった。「ポツンと一軒家」はTVだけでよい。

岡田も小嶋も、とにかくそういった人心を大事に扱った。

合併に取り残される恐れを抱いた元シロの従業員たちを中心に構成された労働組合ともひたすら対話を重ねた。食品売場で職人と呼ばれていた社員たちに対しても、新しい知識と技術の必要性をひたすら説き、専門職へと生まれ変わらせた。はやしや百貨店の斜に構えた幹部たちに対しても、信念と情熱で生まれ変わらせていった。

また、合併で岡田屋出身者だけが厚遇されたと思われることがないよう、公平なモノサシを徹底してつくり上げた。

とはいえ、いつまでも経営者がすべての人を見るわけにはいかない。限界がある。したがって代わりとなる幹部や管理者の選抜、教育指導が大変重要になってくる。

上に対してはよいが下に対してはよくない幹部・管理者が往々にしている。

いわゆる、部下殺しである。指示待ち人間を上手につくるのである。①ルーティンワークをやらせ続ける、②仕事の背景や全体像・意味を教えない、③言われたことを黙々とやる人を評価するなど。また、上司本人が考えることをしない、口だけが達者で手足が動かない、人望がないということもある。

果てには、部下のやる気をそぎ、出世を阻む者さえ出てくる。

こういう上司をもった部下は最悪の状態である。上司は代えられないから、能力のある者から去っていく。

いくら経営者・トップが高邁な理念、ビジョンを掲げようがこの幹部・管理者によって駆逐されていくのである。岡田や小嶋が人事に腐心したのはこのことである。

能力のある人とは、①正しい人間観・価値観をもっている、②外発的な動機よりも内発的動機が強い、③肩書ではなく責任感が強い、④約束を守る、⑤情熱をもっている、⑥自己責任感がある、⑦自分を客観視できる、そういった人であると思う。

そういった人物こそが活躍できる組織をつくる。

それには、とりもなおさず、人間への真摯な関心と理解、さらには深い愛情があってこそのものである。

岡田と小嶋は、なによりも先にそれをつくり上げたのである。

11

異論をもつ人材を使いこなす

「異論は時として聞きづらいことがある。その人物を遠ざけるようではリーダーとしては未熟である。追随する人物を重用することのほうが会社を危うくする」

企業は大多数の意見に従う民主主義で運営するものでないことは組織にいる全員が是とするところであろう。

かといって、トップがすべて意思決定し、それに従うだけの組織であればどこかの実施機関に委託すればよい。

そして、会議とはというと、議論をする場所ではない。空理空論の議論など無用である。では、何か。意見を聞く場所である。

岡田は傾聴の名手である。自分の主張を述べるより、他人の意見・異論に耳を傾ける。人の意見を注意深く聞くには、相当の体力・精神力がいるが、岡田は聞きながら、たばこの箱を潰し、その紙で「鶴」を折ったりしていた。

黙って意見を聞きながら、ダメなことにだけ、「やるな」、「ダメだ」と明瞭に告げる。経営者は任して任さずのところがある。岡田は、任さないところだけハッキリ言い、あとは任す。

一方の小嶋は、異論をもつ人物の筆頭といっていいほどである。アンチテーゼを投げかける。だからみんなに煙たがられる。

が、それで視野と意思決定に幅（多面性）と深み（根元性・長期性）が出る。

「はい、全員賛成です。問題ありません」というだけの会議が一番問題である。そのような構成員がいる組織はトップの満足度は高いが、概して、成熟した自己実現型の人材は少なく、むしろ未成熟な人が多い。

岡田や小嶋にとって最終の判断は「経営にとって役に立つか、立たないか」の一点である。好悪の感情ではなく、合理的な判断をする。

経営者は本来そうでなければ務まらない。会社は経営者の所有物ではなく、社会の公器だからである。また、そういった人物でなければ託せない。

その点、岡田も小嶋も「会社は公器」という認識が徹底しているため、人の用い方に幅と余裕がある。人を自由に泳がすところがある。つまり懐が深い。

成熟した自己実現タイプの人は、器の小さい経営者幹部にとって、すこぶる使いづらいところがある。行動志向が強く、人格的に安定しているので、自分の感じたことを恐れず他者に言う。

また、もっともらしい、にせもの、不誠実なことを容易に感知できる。自然で楽観的な見通しをもって論理的な方法で反応する。行動は自分自身の判断で独立して自律的である。

動機づけは、外的なものより自分の内的な規範と価値によってされており、それに基づいて行動する。誰からも学ぶ姿勢をもち、他の人なら躊躇するようなことでも厭わない。

さらに、失敗することを恐れていない。こういう人たちは命令を素直に受容しないがゆえに使いづらいと映る。

小嶋は、トップのまわりに活力がある者、明るい楽観的な人を置き、虚構性が高く、不必要な忖度をする人を排除せよと常々言った。幹部はもちろんのこと、長く仕える秘書も同様に配置転換を行った。

まさに、「異論をもつ人材」を重宝した。

とはいえ、単なるアウトローではいけない。この見極めが出来るかどうかによって組織が発展か衰退かの分かれ道になるのである。簡単なようで難しい。

12 良質な経験をさせる

「考えることを奪った仕事ほどつらいことはない。上司はその意味では仕事の配分者ではない。むしろ教育者でなければならない」

過去において、良質な経験をしたことのない人物をマネジャーにしてはならない。辛く、忍耐を強いられた経験をもつ人物は、往々にして、部下にそれを再現する。体育系に見る意味のない「しごき」に似ている。逆によい経験をもつマネジャーは何が必要で何が不必要か身をもって（経験で）知っている。

知っていることと実行できることとは異なる。人は実行（経験）を通して初めて学ぶのである。

岡田は、よく笑いながら「よいと思うならやってみ」、「やらんことには。理屈どおりにいかんこともある」と言っていた。小嶋は「単調と思われる作業の中に意味を見いださないといかんわな」とやや哲学的な口調で、新人によく言っていた。どちらも正しい。

組織は縦と横の分業で成り立っている。縦であれば、経営→事業→業務→職務→仕事→作業→作業→作業→動作、と際限なく細分化されていき最後はテイラー・システム（工場の生産現場などの能率化を測る手法）の世界になる。

末端にいくほど、ルーティンワークになり、仕事の意味も薄れ、ただ漫然とその日、その時間を費やすことになり、効力感・達成感も得られず自己の成長とは縁遠い徒労感だけが残ることになる。

しかし、小売業はそうあってはならない。店はお客様と接する場所で、店舗こそが、今までの努力がお客様の購入をもって実現する場所である。仮に、単純作業であっても「お客様のためにする作業」であることを店長・マネジャーは教え込まなければならない。

いかに、何をではなく、なぜその作業をするのかを従業員に考えさせねばならない。「私、考える人」、「私、それを実施する人」と分離してはいけない。頭と手足を分離してはいけない。統合させる人がマネジャーなのである。

一方、経験だけでは本当のチカラはつかない。具体的な経験とそこから得られた抽象的な概念が必要である。概念化させた経験は他の職務に就いても再現できる。再現性はプロとアマの決定的な違いである。そして経験と知識との往還をもって初めて強固な「織物」、「縄」が出来上がるのである。ここに教育の重要性がある。

さらに、技術や方法論、つまり「物事のやり方に関する知識」はもちろん必要ではあるが、「思考力」、考えるチカラを身につけさせねばならない。考えることで建設的で新しい方向性やビジョンを受け入れ、新しくするものを峻別していくチカラを身につけるからである。

店長時代に岡田から「東海くん、この店は改装しなくていいのか？」と問われたことがある。

「今、業績は好調ですが、改装よりも問題は、駐車場が少ないことです。立体駐車場を先につくろうと考えています」と答えたところ、「そんならそれでいいわ」とうなずき、帰っていった。この質問に対し、「改装は店舗企画ですから」とか、「業績がいいので、このままでいいと思います」などと答えようものなら、大変なことになっただろうと思う。

考えるチカラをなくした職場は悲惨である。痛ましい。岡田や小嶋は、常にそういった「考えるチカラ」を求めていたように思う。

また、仕事は全体を教えなければならない。でないとその仕事に必要なものがわからず、その都度右往左往する。不用意なもぐらたたきの仕事に終始する。先に手を打つことができない。段取り上手は仕事上手である。

付け加えるならば、若いうちに責任ある重い経験をさせねばならない。そうすることによって将来伸びるか伸びないかの峻別が可能になる。重い仕事を回避し、すぐ根を上げるような人物を上位職にしてはならない。そういう人は年をとっても、上位職になっても逃げ回る。役に立たない。岡田屋時代、伊勢市の拠点店舗の店長は二七歳独身であった。古今・規模の大小ではない、経営者の人と仕事に対する哲学の違いである。

結局のところ、よい経験かどうかは一種の結果論である。よい人物はそれを自ら見いだすし、出来ない人は、自分に与えてくれなかったと不満を言うだけのことである。

13 捲土重来

「またやり直せばよい」

岡田屋・ジャスコ時代には、本人の意思を重要視した。何か新しいことをやるときには「公募制」を採った。新しくSM（スーパーマーケット）を立ち上げるときの要員も募集した。新規事業も、アメリカ研修も、店長をやりたい、商品部をやりたい、そして、ジャスコ大学への参加も、自己申告と公募制にした。その方法は上司という職階の障害を超えてトップへの直接申告である。

つまり、トップの承認を得たことになる。

「失敗に対して寛大であれ」とは美しい言葉で、その響きは人間愛にあふれた度量の広さを感じさせる。

ただし、はっきりと区別すべきことは、単なる無知無能で不注意者が犯す過ちである。これは失敗とはいわない。

戦場で戦いを挑み、結果として負けてもそれにくじけず、チカラをつけて再度挑む、これが捲土重来である。挑むということに肝があり、リスクテイク、ポジティブな姿である。

しかし、現実はそうではないことが多いことも事実である。新たなことにチャレンジして失敗したのか、そうでなかったのか。

また、上司の承認を得て行ったことなのか、それとも勝手にやったことの結果が失敗だったのかによって評価は全く異なってくる。後者であれば「それごらん。勝手にやるものだから」ということになりかねない。

そしてその失敗は、その上司の失敗になり、また、その上司の失敗となるため、上司にとっては、リスクテイク、ポジティブな部下をもつことに恐怖を覚える。その結果、新たなことにチャレンジをしない風土が出来上がってしまう。

失敗に寛大とは、甘いという意味ではない。失敗を歓迎しているわけでないからだ。しかし、チャレンジには失敗はつきものである。スキーを学ぶには、何回も転ぶ、転ぶことを恐れては上達しない。水泳も水を飲むのを恐れたら泳ぐことはできない。それと同様である。学習の機会なのである。失敗の中から次の成功の「種」だけを取り出せばよい。失敗にこだわるより、今日を、今を出発点にするほうがより生産的である。

あるとき、ある人が自分で望んだ事業を断念することになり、社長であった岡田に謝りにいった。

それに対し岡田は「謝ることはない、またやり直せばよい」と。さらに、後始末をしたいと申し出たところ、「他に行きたいところがあればそうすればよい」と言ったが、彼は後始末の仕事を選んだ。

その数年後、彼は新規事業の機会を与えられたという。そういった人は数えきれないぐらいいる。

チャレンジして失敗しても、名のある創業トップは共通して寛大である。が、いわゆるサラリーマン社長は可罰的な処遇をする人も多い。結果、身を守るため幹部社員から末端まで、新しいことをせず、一つの職務職能にしがみつき、そしてひたすら指示を待つようになる。また、そういう人々を高く評価する。ますます変化をきらう組織風土が出来上がってしまう。

チャレンジする人にとって成功の反対語は「何もしないこと」であり、チャレンジしない人にとっては成功の反対語は「失敗」となる。

岡田は、『大黒柱に車をつけよ』で、次のように言っている。

新事業がすべて成功するとはかぎらない。当然、失敗するものも出てくるだろうが、挑戦することを恐れてはならないと思う。挑戦してみなければ、活路が開けてこないことは確かだからだ。

14

お客様から「これがお店だ」と思ってもらう

「時代は変わっていく。商人は、それに無頓着ではいけない」

（『岡田卓也の十章』）

小売業における過去の競争を端的にいえば、規模の競争、立地の競争、取り扱い商品の競争、そして同業界の競争であった。

しかし今日では同業界ではなく、異業種、異業界の進出が激しいものがある。鉄道のＪＲは立地を生かし、今やショッピングモールとなっている。駅の売店の弁当などの多くは、自社グループの弁当屋がつくっている。

また、道の駅は国と地方自治体が協力して整備をはかり、運営主体は地域のあらゆる企業が参入をしている。なかにはパソナグループが運営しているところもあるという。二〇二一年六月現在、全国で約一二〇〇か所あり、これからももっと増えていくだろう。

ＪＡが運営するファーマーズマーケットは、一七〇〇か所あるという。

業界は異なるが、ＪＴＢは旅行だけでなく、イベント業界にも進出している。

これらは一例ではあるが、すべて広義のハードの競争である。

競争の三要素とは、①コスト競争：主に価格競争、②時間競争：早く・便利競争、③付加価値の競争：消費者の価値観に即した競争、である。

業態とは、扱う商品と売り方である。もはや、従来型の業態ではお客様の多様化、価値観の変化には対応が困難になっている。ＧＭＳ（総合スーパー）は、内部コストが重い体質となっており、すでに競争力を失っている。競争の三要素の点からも魅力は失われており、高度成長期のビジネスモデルの踏襲になっている。

また、専門店の定義も見直さねばならない。商品・業種別、ブランド別、性別ショップなど、ファッションの意味も変わったのに、以前のままで苦戦している。伸びている企業はすべて商品の垣根を越えた「ラインロビング」戦略である。アイリスオーヤマはもはや家電事業にも手を広げているし、ニトリは家具屋ではなく生活用品の総合小売業になっている。一〇〇円均一ショップ、ドラッグストアも同様である。

これからは、新しい価値軸ごとに、業態開発をしなければならない。すなわち、①利便性に特化した業態、②ＳＫＵ（最小管理単位）に絞った低価格小型店舗業態、③業種ごとのロングテール業態、④専門性複合店・嗜好性専門店のカテゴリーキラー業態、

⑤ライフスタイル提案業態、⑥コト消費・エンターテイナー業態、⑦その地域に特化したローカル対応業態等である。

さらに、前述した価値観の多様化に即した、①ライフスタイル追求層、②消費志向層、③伝統保守層、④家族重視層、⑤社会志向層、⑥先進革新志向層、⑦快楽主義層、⑧倹約志向層の八つの各層ごとへの訴求に特化した業態を考えれば、さらに多くの業態が生まれうる。

もう一つの課題は、新しいチャネルの登場である。チャネルの登場は、顧客とは誰かをも変えてしまう。顧客からすれば、いかにして企業を選ぶかではなく、顧客が何をもってして選ぶかの問題である。ＩＴの進化で、インターネットを使って距離的・時間的・金銭的なコストがほとんど気にかけなくともよいくらい低減された。その結果、企業でなくとも個人が、全国あるいは世界に向けて、商品やサービスを提供することが可能になった。

そして市場というかたまりではなく、個人へ直接のアプローチが可能になった。仮にその人が素人であっても、である。

もはや店舗をもつ意味、店舗とは何なのかということ自体を問われている。有店舗と新しいチャネルとの融合が叫ばれているものの、実務への展開は大変難しい。だからといって難しいからと放置するわけにもいかない。

消費者は常に「新しい」ものを求めている。企業の側からいえば、常に新しいものを市場にもたらすことが、競争に勝てる秘訣である。

岡田は常に変化しつづけるお客様にどう対応をしていくか、それについて、考えて考えて考え抜くのが商人の仕事だという。

岡田は、『岡田卓也の十章』の中で次のように述べている。

商売のうえでは、何も店が大きいことだけが有利ではない。

大資本が必ずしも強いわけでもない。

逆に「小さいから弱い」ということは全くない。

お客さまから、本当に「これがお店だ」と思ってもらえることが大切なのだ。

今ある大企業との競争ではなく、小さな、そしてローカルな企業を侮ってはならない。

彼らは身が軽くてスピードが速い。スピードでいえば海外の市場も変革が早い。

過去五〇年かけて今日となった日本をここ一〇年、五年の単位で追い越してくる。

かつての岡田が、岡田屋が、そしてジャスコがそうであったごとく。

海外展開も思ったより、そうシナジー効果は出ないだろう。それよりも足元の新業態開発に力を入れるべきだと思う。

だから、現在の顧客だけに眼を向けてはいけない。現在の顧客でない人に眼を向ける必要がある。つまり、広く大きな市場に眼を向けることである。明日の顧客のために。

15 責任感の醸成——肩書から責任へ

「組織は本来『責任』の分担である。したがって責任感の欠如した人物をその任につけてはならない。肩書の大きさと責任感のつりあいがとれない人物も時には存在する」

責任感の強い構成員が多い組織は強い。至極当然のことである。ところが実際は人の性格のよしあしと理解しているため手を打つことを放棄しているのが実情である。

責任感は生来的にもつ性格に起因することももちろんあるが、性格を形成する幼児期の環境も大きい。「三つ子の魂百まで」である。企業は採用時にもこの責任感の有無をどう発見するか性格検査・面接をし、探ろうとする。

責任感の有無強弱は、態度・行動特性に表れる。そこを矯正管理することもマネジメントの領域である。単なる「しつけ」ではなく、組織としての制度の一環としてとらえねば構成員の責任感は醸成できない。

岡田屋時代には「就業規則」のほか「私たちのつとめ」というものがあり、ビジネスの規律、職業人として、プロとしての具体的行動などがそこに示されていた。新入社員には丸暗記のテストを行った。学生時代から職業人への決別をはかったのである。

いかなる組織も「職業的規範・役割意識」、「職業的知識・技能」がなくては成果は生まれない。医者・看護師・警察官・消防士・パイロットなど、これらが欠落していては、私たちは安心して社会生活を送ることができない。それぞれの分野で働く人たちには必須の職業責任感である。

しかし実際はそうはなっていない。仕事が細分化され、全体の目的・意義・意味が薄れ、単なる作業になっているからである。

組織の階層も同じである。上の階層であるならば、より重い「責任」を引き受けたと理解しなければならない。あるいは、より重い責任を追う可能性があるから、「肩書辞令」をもらったのだと理解しなければならない。それなのに、人間がえらくなったので階段を上がった、または階段を上ったのでえらくなったと勘違いする人も多い。

責任感のない、私と公の区別がつかない卑しい人を上に置いてはならないというのは、鉄則である。でないとすべてが腐る。階層とは責任の階層であると認識すべきである。

上に置く人は、他律的動機・功利的な動機をもつ人より、内発的な動機をもつ人のほうが好ましい。そして成熟した（心の知恵をもつ）、肯定的自己観をもつ人を選ぶべきである。

肯定的自己観をもつ人とは、すなわちリーダーになれる人である。リーダーとは人々を引きつけ、構成員の責任感を引き出し、醸成し、実のある仕事をさせる人であり、働いて楽しいと思わせる人である。

こう書いてきて、まさに「岡田卓也そのもの」、岡田卓也はリーダーであるとあらためて思う。

一方、マネジメントの領域でいえば、階層ごとの責任と義務をあきらかにし、求められる成果責任を定めねばならない。数値責任は義務であり、職務遂行・自己管理のためのモノサシである。そのためには結果数値の財務会計ではなく、管理会計制度も考慮に入れ設計すべきであろう。

京セラ、昔の松下電器の部門別管理制度からも学ぶべき点は多い。「責任の仕組み」が見えるように設計しなければならない。もちろん階層別研修、職能別研修も欠かしてはならない。

個人の行動を変容するには、先に述べた制度・仕組みの側面は大きく見逃せないが、幹部・上司による日常の管理行動によるものが直接的で影響が大きい。

こちらは、まさに「小嶋千鶴子がやってきたこと」、小嶋千鶴子は優れたマネジメントを行っていたと思う。

最後に、責任感を醸成させる適切な方法には、職務拡大（ジョブラージメント）と職務充実（ジョブリッチメント）の二つがある。これは自分自身が独自で取り組めばある程度可能であるが、効果が大きいのは上司からの権限移譲である。権限移譲をしない組織はいつまでも「一兵卒」だけである。

なお、付け加えれば、上司にはいかなる場合にも「アカウンタビリティ」（説明責任）を負う義務がある。

岡田も小嶋も、だから信頼されていたのである。

16

企業の「死」を迎えないために

「企業の発展段階を予測して、その職を任せられる人を意図的に計画的に養成していくことが、経営者と人事の職にある者の最たる責任である」

企業の生命は三〇年という説がある。いやもっと短いと言う人もいる。そして、人間の生命は誕生期、幼年期、少年期、青年期、中年期、壮年期、老年期を迎え、やがて死に至るが、途中で生命を落とすこともある。

企業も同様である。簡潔にいえば、①導入期、②成長期、③成熟期、④安定期、⑤初期衰退期、⑥本格的衰退期、⑦死を迎える、といった流れだ。

①導入期は創業者の熱意と数人の働き者・頑張り屋によって支えられる。組織とは名ばかりで、中心に創業者がいて、まわりに数人の働き者がおり、上下の感覚はなく、組織は円形で同距離である。とにかく働くことに喜びを感じ苦労を厭わない。

②成長期も創業者と働き者が中心ではあるが、人数も多くなり、管理者的な人が加

わってくる。分権も進み組織はピラミッド型となる。働き者は他の人をマネジメントができないのでやや肩身が狭くなり、多少効力感を失うが業績は一段と伸びる。

③成熟期には、創業者の影響が薄れ、働き者も影をひそめ、管理者が幅を利かすようになる。組織はより分業化して、手続き、規則、根回し等が重要になる。しかし業績は最高値をたたき出す。世間の評価も高くなるにつれ有頂天になり傲慢になる。

④安定期には全く創業者は姿を消し、働き者は完全に姿を消す。冒険を嫌い、革新を嫌い、それでも業績は安定している。誰が業績を上げているのかわからなくなってくる。重要なことは「予算」、「調整」、「合意形成」となる。実績よりも体裁を好み、貴族的体制といったほうがよい。

⑤初期衰退期は、業績は平行線または昨年比の業績割れを起こす。その原因を突き止めることに終始するが「誰々が悪い」という結論に達する。管理者と統合者が幅を利かす。やる気のある、能力のある者は次第に去っていく。組織は硬直化して、追随者と無用なよい人が増殖する。新たに入社する人はただ安定しているという理由が一番となる。

⑥本格的衰退期には、業績不振が何年も続き、小手先の対策を打つだけでなかなか浮上しない。スターを入れて挽回を図るがもう手遅れである。組織はより官僚化して、

組織の重さに耐えかねて、あちらこちらに齟齬・ほころびが出るが、隠蔽・改竄・あとづけの言い訳が横行し、みな、見て見ぬふりをして「任期」だけ勤めればよいと考える。何もしないのが一番の身の保全となる。活躍するのは単なるその場かぎりの統合者（調整役）だけになる。

そして、⑦死を迎える。

表現のいかんを問わずこのような現象が起きる。経験のある、いや世間の会社を多く見てきた創業者や年長者ならば対策も可能であろうが、総じてその忠告を聞く人は単なる昔話として受け止め、相手にせず理解をしない。

なぜなら、当事者が自分の会社がどの段階にあるのかを認められないからである。いつまでも成長の幻影を追う。長い歴史をもつ関係子会社で、もうすでに役目が終わった会社にも、リーダーシップのない古手の役員を社長に据えようとする。

何年たっても規模が変わらない会社もある。固有の構造的な問題を抱えているにもかかわらず、管理者・統合者を派遣してしまう。アントレプレナーと働き者が必要なのに人選で過ちを犯す。

身をもって各段階の必要人材を知り、縦横上下に用いて今日を築いたような、名のある創業者はすべて知っている。
ぜひ、そういった企業には、岡田家の家訓を再びここで伝えたい。

変化のスピードは今後ますます早まっていく。変化に背を向けるものにとっては危機の時代になるだろうが、変化に真正面から取り組んでいくものにとっては、大きなチャンスに満ちた時代となる。

歴史上まれに見る大変化のときを決して見逃してはならない。変化があるからこそおもしろいのである。もう一度「大黒柱に車をつけて」、このおもしろい時代を精いっぱい楽しんでいくつもりである。

(『再び「大黒柱に車をつける」とき』)

若い、岡田の跡を継ぐ世代の方々には、ぜひ、もう一度といわず、二度でも、三度でも何度でも、「大黒柱に車をつけて」革新を起こしていってほしいと切に願う。

17

常にお客様とともにあれ

「商人は、供給者側の頭で考えてはいけない。生活者であるお客さまの側から考えて、意思決定をしなければならない」

（『岡田卓也の十章』）

過去五〇年間の栄枯盛衰の教訓は、①お客様を見失った企業は衰退、または社会から退場をよぎなくされている、②常に革新しつづける企業は成長している、③大きな流れと小さな変化を見逃さない企業は成長している、④対応力・実践力の早い企業は成長している、⑤自己の論理（都合）をお客様に強いない企業は成長している、以上である。

特に、お客様を見失った企業は、世の中の変化（大きなものから小さなものまで）を見る眼、対応力が欠如している。つまり先を見る望遠鏡と、小さなものを見る虫眼鏡をもたなければいけない。

人口動態の変化は確実に訪れる。日本の人口は、明治以降からの一〇〇年間で三倍になった。しかし、一九七〇（昭和四五）年以降は少子化が進行しているのも事実である。今からさらに一〇年後には、団塊世代の高齢化が進み、郊外のゴーストタウン化が進むとの推計もある。

人口動態の変化は不可避である。

さらに、環境の変化は、①消費者の価値観が多様化、②所得の八階層化による中間層の縮小と貧困層の増加、ニューリッチ層の増加、③テクノロジーの進化、④巨大プラットフォーマーの出現、⑤消費者の価値軸の変化、⑥グローバル化、以上のように目まぐるしく急速に変化している。

消費者の価値観の多様化では、①ライフスタイル追求層：団塊ジュニア世代、②消費志向層：フローリッチ、③伝統保守層：地位階層へのこだわり、④家族重視層：同調型・コト消費、⑤社会志向層：思想企業（たとえばパタゴニア）、⑥先進革新志向層：IT企業・カジュアル、⑦快楽主義層：SPA（製造小売業）・スポーツアパレル、⑧倹約志向層：ディスカウンター、というように多岐にわたっている。日本では④⑤⑥層が四五％といわれている。

テクノロジーの変化では、EC化率が生活家電・書籍映像音楽ソフト・生活雑貨・家具インテリアでは三〇％を超えており、なんと事務用品文具では四〇％を超えている。ファッションアパレル業界でも、二〇一八年の実績で一三％、二・五兆円に達している。

プラットフォーマーの脅威は、二〇年前には誰も予測しえなかった。単なる通信販売と見くびっていた。有店舗では品揃えには限界がある。しかし、これらの業態はその限界をはるかに超え、無限大に品揃えすることが出来る。「ロングテール」という言葉は小売業には存在しなかった。せいぜい、ラインロビング程度であったのだ。

このような変化は、過去の成功例はもはや参考にならないかもしれないということを示している。企業の定義・事業の定義を見直さなければならないといえる。

量的拡大から質的企業へ。強いから賢い企業へ、安定企業から変化しつづける企業へ、単なる物売りから価値創造の企業へと、自らが変わっていかねばならない。過去五〇年間の栄枯盛衰の教訓と少しも変わらない。

岡田は著書『岡田卓也の十章』で最後に、イオンの三〇年後として、

①大企業になると革新は難しくなる、しかし革新しなければ衰退する
②倫理観を失った企業は衰退する
③毎日小売業はお客様から評価されている真剣勝負の世界である
④人の道にもとるようなことをしない

⑤店舗主義を捨てねばならない時代がくる
⑥大手ではない独自の商品やサービスをもった企業が出現する
と述べている。

一発逆転などありえない。お客様の変化を身近に的確にとらえ、苦情や不満の中からその答えを探しつづけねばならない。

お客様と現場の声を吸い上げる力の劣化を一番恐れなければならない。

おわりに

「君は何によって憶えられたいかね」

ドラッカーが一三歳のころ、そう先生に尋ねられたという。筆を進めていく中で、この言葉が頭から離れなかった。岡田卓也氏にこの言葉を投げかけたとき、どのように応えるのであろうかということを常に考えつづけた。

この本は、人間・岡田卓也氏と経営者・岡田卓也氏を書こうと試みたものである。しかし、結論としては、この二人は切り離すことのできない「不可分」な存在であった。先の問いからいえば「岡田卓也とは、人間・岡田卓也と経営者・岡田卓也を自分自身で創り上げた人・自己革新をしつづけた男」ということになろうか。

自分自身で自分を創り上げていく人は偉大である。言葉を変えれば「自己信頼性」が高く、行動科学的組織論のクリス・アージリスの言う「成熟」した人である。岡田氏は大きなビジョンと使命をもち、多くの他者を動かし、現実と未来を同時に見る眼、独自の見解をもち、自分の人生を大きく変えていく力をもっている。そして、革新者であった。いずれも、企業家最大の武器であろう。

加えて、岡田氏は、誠実で倫理基準が明確である。変化に対する適応力は一種の創造性であり、失敗に対する復元力も強い。優れた勘は一級の眼力を有している。変化に対する柔軟な適応力とは反対に、独特のゆるぎない「頑健性」ハーディネスが、人々を信頼させ安心させる。

岡田卓也論を書きながら、「実践的リーダー論」を書いているのかと錯覚しそうになった。つまり岡田卓也論はリーダー論なのである。数々の試練を通して鍛えられたリーダーは、どんな状況になろうとも、楽観的でチャレンジ意欲が旺盛である。困難に屈することはない。むしろ好んで喜々として物事を決断する。

この時代、長はいても真のリーダーはいない。権力者とリーダーは同義語ではない。リーダーとは、他者が認めて初めてなりうる者なのである。

あらゆる組織はよきリーダーを得て初めて機能するものである。

企業・組織の寿命より人間の寿命のほうが長い時代になった。一つの組織で終生を過ごすことなど考えられなくなった。自分自身でどのような人生とどのような人間になりたいかを考えねばならない時代である。そのための参考となれば著者として本望である。

最後に、著述にあたっては、プレジデント社の書籍編集部長兼販売部長の桂木栄一氏の心強い後押しと、編集に際して今回もメディア・サーカス作間由美子社長、副社長の飯嶋容子氏に多大のお世話、ご協力をいただいた。この場をかりて厚く御礼申し上げたい。

初夏のみどりに囲まれた事務所にて

東海友和

主要参考文献等（順不同・著者等敬称略）

『岡田卓也の十章』岡田卓也　商業界
『トップが語る21世紀の経営戦略』岡田卓也・西村晃　たちばな出版
『大黒柱に車をつけよ』岡田卓也　東洋経済新報社
『再び「大黒柱に車をつける」とき』岡田卓也　NTT出版
『あしあと』小嶋千鶴子　求龍堂
『小売業の繁栄は平和の象徴』岡田卓也　日本経済新聞出版
『創業者は七代目』辻原登　毎日新聞社
『ジャスコの経営』緒方知行　日本実業出版社
『ふるさとを愛す』　中部経済新聞社編
『イオンを創った女』東海友和　プレジデント社
『イオンを創った女の仕事学校』東海友和　プレジデント社
『よき経営者の姿』伊丹敬之　日本経済新聞出版
『経営の力学』伊丹敬之　東洋経済新報社

『ドラッカー100の言葉』藤屋伸二　宝島社
『イオン人本主義の成長経営哲学』東海友和　ソニー・マガジンズ
『石橋を叩けば渡れない』西堀栄三郎　生産性出版
『会社の老化は止められない』細谷功　亜紀書房
『成功する人は偶然を味方にする』ロバート・H・フランク　月沢季歌子訳　日本経済新聞出版
『働き方の哲学』村山昇　ディスカヴァー・トゥエンティワン
『経営者の条件』P・F・ドラッカー　上田惇生訳　ダイヤモンド社
『経営の哲学』P・F・ドラッカー　上田惇生訳　ダイヤモンド社
『ビジョナリーカンパニー2』ジム・コリンズ　山岡洋一訳　日経BP
『アディゼス・マネジメント』イチャック・アディゼス　風間治雄訳　東洋経済新報社
『店はお客さまのためにある』倉本長治　倉本初夫編　商業界
『イノベーションと企業家精神』P・F・ドラッカー　上田惇生訳　ダイヤモンド社
『起業家の本質』ウィルソン・ハーレル　板庇明訳　英治出版
『コトラーの戦略的マーケティング』フィリップ・コトラー　木村達也訳　ダイヤモンド社
『業態の盛衰』田村正紀　千倉書房
『小売再生』ダグ・スティーブンス　斎藤栄一郎訳　プレジデント社

『2030年アパレルの未来』福田稔　東洋経済新報社
『態度的人間』本明寛　ダイヤモンド社
『ローマ人の物語・危機と克服』塩野七生　新潮社
『人づきあいの技術』相川充　サイエンス社
『自滅する企業』ジャグディシュ・N・シース　スカイライト コンサルティング訳　英治出版
『レスポンシブル・カンパニー』イヴォン・シュイナード、ヴィンセント・スタンレー　井口耕二訳　ダイヤモンド社
『経営者の役割』C・I・バーナード　山本安次郎訳　ダイヤモンド社
『プロフェッショナル・アントレプレナー』スコット・A・シェーン　スカイライト コンサルティング訳　英治出版
『本物のリーダーとは何か』ウォレン・ベニス、バート・ナナス　伊東奈美子訳　海と月社
『商業経営基礎講座5編』（非売品）東海友和　㈱全国商店街支援センター
「小売業の精神とこれからの使命」、「マネジメント」、「マーケティング」、「会社と売場の計数管理」、「用語集」
『ダイヤモンド・ハーバード・ビジネス・レビュー』小売業は復活できるか　ダイヤモンド社
『ダイヤモンド・ハーバード・ビジネス・レビュー』破壊的イノベーション　ダイヤモンド社
『ジャスコ三十年史』イオン
『イオンの歴史2020』イオン

著者紹介

東海友和（とうかい　ともかず）

三重県生まれ。岡田屋（現イオン株式会社）にて人事教育を中心に総務・営業・店舗開発・新規事業・経営監査などを経て、創業者小嶋千鶴子氏の私設美術館の設立にかかわる。美術館の運営責任者として数々の企画展をプロデュース、後に公益財団法人岡田文化財団の事務局長を務める。その後独立して現在、株式会社東和コンサルティングの代表取締役、公益法人・一般企業のマネジメントと人と組織を中心にコンサル活動をしている。特に永年創業経営者に師事した経験から得た、企業経営の真髄をベースにした、経営と現場がわかるディープ・ゼネラリストをめざし活動を続けている。モットーは「日計足らず、年計余りあり」。
著書に『イオンを創った女』、『イオンを創った女の仕事学校』（ともにプレジデント社）、『イオン人本主義の成長経営哲学』（ソニー・マガジンズ）、『商業基礎講座』（全5巻）（非売品、中小企業庁所管の株式会社全国商店街支援センターからの依頼で執筆した商店経営者のためのテキスト）がある。

カバー写真／共同通信社

イオンを創った男

2021年10月4日　第1刷発行

著　者　東海友和
発行者　長坂嘉昭
発行所　株式会社プレジデント社
〒102-8641　東京都千代田区平河町2-16-1
平河町森タワー13階
https://www.president.co.jp/　https://presidentstore.jp/
電話　編集（03）3237-3732　販売（03）3237-3731
販　売　高橋 徹　川井田美景　森田 巌　末吉秀樹　神田泰宏　花坂稔
編　集　桂木栄一
編集協力　有限会社メディア・サーカス
装　丁　竹内雄二
制　作　関 結香
印刷・製本　凸版印刷株式会社

ISBN978-4-8334-2428-8
Printed in Japan